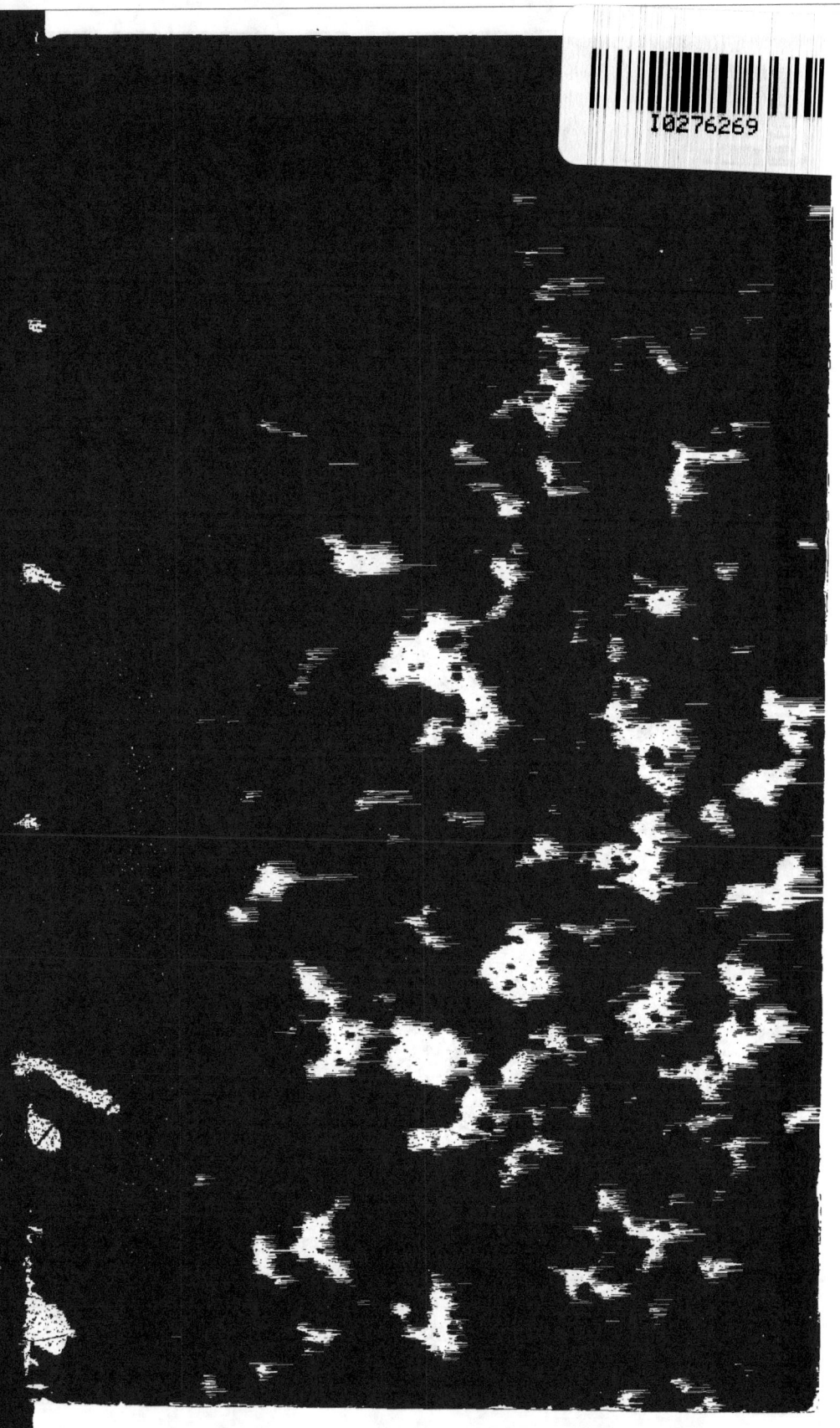

FEUX-FOLLETS.

MAULDE ET RENOU, IMPRIMEURS,
Rue Bailleul, 9 et 11.

Sire, pardonnez à mon père!

FEUX-FOLLETS

POÉSIES

PAR

H. T. POISSON

Petits riens, vers ?...
Qui deux à deux sautillent
Et faiblement scintillent...
Feux follets !

TOME SECOND

PARIS

FEUX-FOLLETS

POÉSIES

PAR

H. T. POISSON.

Petits riens, verselets
Qui deux à deux sautillent
Et faiblement scintillent...
Feux follets!

TOME SECOND.

PARIS.
Mme LOUIS, ÉDITEUR,
RUE DE L'ÉPERON, 9.

1838.

BALLADES.

JUSTINE.

BALLADE HISTORIQUE [1].

Un jour, atteignant ce hameau,
Une jeune fille étrangère
Demande à garder un troupeau,
Et l'on se rend à sa prière ;
Des larmes souvent de ses yeux
Coulaient sur son joli visage ;
Tout, dans son air, dans son langage,
Nous paraissait mystérieux.

Jeunes fillettes,
Gais pastoureaux,
Vous croyez que des amourettes
De tous ses maux
Étaient la cause...
Vraiment, c'était bien autre chose.

Le dimanche, séchant ses pleurs,
Dès que le jour venait de naître,
On la voyait cueillir des fleurs,
Et tout aussitôt disparaître.
Justine à la ville courait;
Toujours seule dans ce voyage;
On n'en savait pas davantage...
Triste, le soir, elle rentrait.

Jeunes fillettes,
Gais pastoureaux,
Vous croyez que des amourettes
De tous ses maux
Étaient la cause...
Vraiment, c'était bien autre chose.

BALLADES.

Cela dura pendant six mois
Sans que son air fut moins austère;
Vainement plus d'un villageois
Voulut pénétrer ce mystère.
Maint courtisan de ses appas
Disait : « Vous êtes plus sauvage
« Aux champs qu'à la ville, je gage. »
Mais elle ne répondait pas.

    Jeunes fillettes,
      Gais pastoureaux,
Vous croiiez que des amourettes
    De tous ses maux
      Étaient la cause...
Vraiment c'était bien autre chose.

Le Roi, pour la chasse, un matin,
Arrive dans cette garenne;
Justine accourt sur son chemin,
Et pleure sans dire sa peine...
« Je devine, quelque garçon
« Fait ton malheur, parle, ma chère! »

— « Sire, pardonnez à mon père !
Il gémit dans une prison. »

    Jeunes fillettes,
    Gais pastoureaux,
Vous croiiez que des amourettes
    De tous ses maux
    Étaient la cause...
Vraiment, c'était bien autre chose.

— « Dis-moi, quel crime a-t-il commis ?... »
— « De regrets sa faute est suivie...
« Il savait que des ennemis
« Avaient menacé votre vie... »
— « Des lois il encourt la rigueur ;
« Mais toi, reçois ta récompense !
« Ton dévoûment, ton innocence
« Commandent sa grâce à mon cœur ! »

    Jeunes fillettes,
    Gais pastoureaux,
Vous croiiez que des amourettes

De tous ses maux
Étaient la cause...
Vraiment, c'était bien autre chose.

¹ En 1826, une jeune fille dont le père était impliqué dans une affaire politique, vint s'établir près de Saint-Germain, dans un hameau qui servait de rendez-vous de chasse au Roi. Là, sous les habits d'une simple villageoise, et sans confier son projet à qui que ce fût, elle parvient à approcher le monarque, se jette à ses pieds, et lui demande la grâce de son père.

LE CHALET ABANDONNÉ.

« Venez, venez ouïr les chants
Du vieux pâtre de la vallée !
Retenez ses refrains touchans
Pour les redire à la veillée !
Qu'au récit de tant de malheurs
Vos yeux laissent couler des pleurs !

Jeunes filles de nos montagnes,
Ne quittez jamais vos compagnes !

« Sous un des hauts pics du Valais
Voyez ce châlet solitaire ;
Ce fut là que long-temps en paix
Demeura l'orpheline Claire,
Tant que, fidèle à son hameau,
Elle n'aima que son troupeau.

Jeunes filles de nos montagnes,
Ne quittez jamais vos compagnes !

« Guidé par quelques chevriers,
Un jeune seigneur de la ville,
Parcourant un jour nos glaciers,
De Claire visita l'asile ;
Soudain, ses attraits, sa candeur,
De l'étranger gagnent le cœur.

Jeunes filles de nos montagnes,
Ne quittez jamais vos compagnes !

« Arthur mérita du retour
Par mille soins pour la bergère :

Pour couronner leur tendre amour
Il eût fallu l'aveu d'un père ;
Mais comme il ne put l'obtenir,
Un nœud secret vint les unir.

Jeunes filles de nos montagnes,
Ne quittez jamais vos compagnes !

« Claire pour le plus tendre époux
Fuit le berceau de son enfance ;
Mais un implacable courroux
D'Arthur vint causer la souffrance ;
Car son père, de tout instruit,
Le déshérite et le maudit.

Jeunes filles de nos montagnes,
Ne quittez jamais vos compagnes !

« Alors, du lac quittant les bords,
Le pauvre Arthur, suivi de Claire,
Bientôt s'épuise en vains efforts,
Afin d'adoucir sa misère.

Jeune encor, la mort le surprit :
Son seul fils plus tard le suivit.

Jeunes filles de nos montagnes,
Ne quittez jamais vos compagnes !

« Un soir que mugissait le vent
Et que dans l'air grondait l'orage,
Pâle, une femme lentement
Errait sur ce rocher sauvage ;
Le lendemain chacun allait
Pleurer Claire auprès du châlet !...

Jeunes filles de nos montagnes,
Ne quittez jamais vos compagnes !

YSEULE ET LE MÉNESTREL.

« Conrad, ce cruel suzerain,
« Voulait m'avoir en son servage ;
« Mon père, au refus de ma main,
« Vit tous ses biens mis au pillage ;
« Et le jour même qu'à l'autel
« S'unissait à ma destinée
« Celle d'un simple Ménestrel,
« Dans cette tour je fus traînée.

« J'ai su que ce vil assassin
« Des miens avait tranché la vie,
« Et dans quel funeste dessein
« Le monstre me tient asservie.
« Mais qu'il s'éloigne du castel,
« Alors, ô toi que mon cœur aime,
« Tu connaîtras, cher Ménestrel,
« Combien mon péril est extrême. »

Ainsi disait, versant des pleurs,
La jeune Yseule de Gondrelle ;
Qui déplorait ses longs malheurs
Au fond d'une obscure tourelle ;
En vain elle invoque le ciel
Pour qu'il abrége sa souffrance ;
Le souvenir du Ménestrel
Ranime seul son espérance.

Conrad quitte enfin ses créneaux
En lançant un regard farouche ;
Ils ont tous frémi, ses vassaux,
Au sombre adieu qu'a dit sa bouche.

Soudain Yseule au jouvencel
Adresse missive secrète
Qui lui dit : « Viens, cher Ménestrel,
« Viens au manoir ! j'y suis seulette. »

Quel doux émoi saisit son cœur
Quand il apprend cette nouvelle !
Guidé par la plus vive ardeur,
Il vole aussitôt vers sa belle.
Lui jurant amour éternel,
Yseule, à son tour, fait promesse
De conserver au Ménestrel
Une aussi constante tendresse.

« Conrad va presser son retour,
« Que tout soit prêt pour notre fuite !
« Demain, à la chute du jour,
« Dit-elle, bravons sa poursuite !
« Le beffroi de ce noir châtel,
« Au loin annonçant la prière,
« T'avertira, beau Ménestrel,
« Qu'ici je t'attends solitaire. »

Le lendemain, rempli d'espoir,
Il entend la voix argentine
Qu'apporte la brise du soir ;
Au rendez-vous il s'achemine ;
Il joint la tour. Moment cruel !
Angoisse affreuse, déchirante,
Quand à ses pieds le Ménestrel
Aperçoit Yseule expirante !

De leur amour Conrad instruit,
Ayant feint une longue absence,
Était rentré la même nuit
Afin d'assouvir sa vengeance !
Encore armé du fer mortel
Qui vient de servir sa furie,
Il s'élance... et le Ménestrel
Tombe mort près de son amie.

Conrad leur survécut un an.
De son donjon tout fuit l'approche.
On dit que la nuit on entend
Le long tintement d'une cloche ;

Un spectre, à ce lugubre appel,
Parcourt cette homicide enceinte,
Cherche Yseule et le Ménestrel
Dont l'écho répète la plainte.

ESMÉRALDA.

Pour la foule qui t'environne,
Jeune orpheline au corset d'or,
Que ton petit pied tourbillonne !
Plus vite, allons, plus vite encor !
Le talisman qui sur toi brille
Te fera trouver ta famille ;
Mais son charme se détruirait
A l'amour si ton cœur s'ouvrait...

O toi, si joliette,
Songe à cette amulette!
Tout ton espoir est là,
Pauvre Esméralda.

Vois-tu les masses enivrées
De ta danse et de tes chansons,
Et ta chèvre aux cornes dorées
Les réjouir de cent façons.
A l'envi, chacun te seconde,
T'applaudit, et met, à la ronde,
Mu par un généreux retour,
Sa modeste offrande au tambour.

O toi, si joliette,
Songe à cette amulette!
Tout ton espoir est là,
Pauvre Esméralda.

La nuit était déjà venue,
Et tu rejoignais ton logis;
Deux hommes noirs, dans une rue,
Vont t'enlever malgré tes cris.

Soudain, un brave capitaine
Des bras des ravisseurs t'entraîne;
Que de remercîmens sont dûs
Au valeureux et beau Phébus!...

   O toi, si joliette,
    Songe à cette amulette !
   Tout ton espoir est là,
     Pauvre Esméralda.

A ta vive reconnaissance
S'allie un plus doux sentiment!...
Phébus te tient en sa puissance,
Un rival guette ce moment;
Son poignard frappe sa victime,
Il fuit... On t'accuse du crime !
Rien ne viendra te secourir ;
Tu sus aimer, sache mourir!...

   Dès l'instant, ô pauvrette,
    Que sur ton amulette
   Ton amour l'emporta,
    Plus d'Esméralda !

Mise en musique par A. Panseron.

ROMANCES

BIBLIQUES.

BENJAMIN.

Ah ! pourquoi vers Sichem porter tes yeux en pleurs ?
Mon père, en ma présence, apaise tes douleurs !
Ne songe plus au jour où, d'une main tremblante,
Tu reçus de Joseph la tunique sanglante !
Toujours auprès de toi Benjamin veillera,
Il guidera tes pas, il te consolera.

Tu m'as dit que mourante, en me donnant le jour,
Ma mère me légua pour toi tout son amour;
D'une tendre union je suis le dernier gage,
J'accepte de Rachel un si doux héritage;
Toujours auprès de toi Benjamin veillera,
Il guidera tes pas, il te consolera.

Quand mes frères, au loin, en oubliant tes maux,
Dans les plaines d'Ébron conduiront leurs troupeaux,
Heureux de te servir, heureux d'une caresse,
Ici je resterai l'appui de ta vieillesse ;
Toujours auprès de toi Benjamin veillera,
Il guidera tes pas, il te consolera.

Mise en musique par A. Panseron.

RÉBECCA.

Vénérable étranger, n'importe votre race,
Dans les murs de Nachor vous que le ciel conduit,
Au foyer de mon père acceptez une place !
Venez goûter en paix le repos de la nuit !
D'apaiser votre soif vous devez être avide,
Vous avez du désert supporté la chaleur ;
Ce long vase est rempli d'une eau fraîche et limpide,
   Buvez, bon voyageur !

Rébecca, c'est mon nom, Bathuel est mon père ;
Il m'instruit des devoirs de l'hospitalité...
Ces mots de votre cœur font jaillir la prière,
Vous remerciez Dieu qu'il vous ait écouté...
J'ignore dans quel sens il vous est secourable,
Mais celui qui l'invoque avec zèle et ferveur
Toujours de lui reçoit un regard favorable,
   Priez, bon voyageur !

Ciel ! en moi d'Isaac vous saluez l'épouse,
Et m'offrez en son nom de riches colliers d'or !
Mon père vous dira s'il veut que je l'épouse
Et si je dois garder un si brillant trésor.
Rassemblez vos chameaux pour gagner sa demeure !
Je serai votre guide et votre précurseur ;
De près suivez mes pas ! de rentrer voici l'heure,
   Venez, bon voyageur !

Mise en musique par Mlle Hélène Robert-Mazel, et par A. Panseron.

LE DÉPART DU JEUNE TOBIE.

Tu sens approcher la vieillesse,
Et pour moi conservant un penser paternel,
Tu veux me laisser pour richesse
Les dix talens d'argent prêtés à Gabaël.
Adieu, je pars, mon père,
Avec Azaria ;
Pour consoler ma mère
Dis-lui bien que son fils près d'elle reviendra.

J'irai dans la ville de Rage
Réclamer cet argent, tu seras obéi.
J'ai pour compagnon de voyage
Ce frère, il te paraît sage et prudent ami.
Adieu, je pars, mon père,
Avec Azaria;
Pour consoler ma mère
Dis-lui bien que son fils près d'elle reviendra!

Mais il me semble qu'une flamme,
Comme un souffle divin, vient agiter mon cœur...
Puissé-je là prendre une femme,
Et ramener ici la joie et le bonheur!
Adieu, je pars, mon père,
Avec Azaria;
Pour consoler ma mère
Dis-lui bien que son fils près d'elle reviendra!

Mise en musique par A. Panseron.

ROMANCES

HISTORIQUES.

JANE SHORE.

Le corps penché sur cette pierre,
Quel est cet être malheureux,
Qui, près de son heure dernière,
Pousse des cris si douloureux?
C'est Jane! et tout mon sang se glace!...
Quels mots s'échappent de son sein!...
« Il me faut donc, à cette place,
　　Mourir de faim!

« O souvenir du rang suprême,
Tu doubles mon affreux tourment :
J'ai vu briller le diadème
Sur le front du plus tendre amant.
Cher Edward, ta faveur si douce,
Faisait envier mon destin ;
Mais tu n'es plus, on me repousse !
  Je meurs de faim !

« Mon crime est d'avoir su défendre
De tes enfans les droits sacrés ;
Quand au sceptre ils devaient prétendre,
Par Richard ils sont massacrés !
Le tyran, montant sur le trône,
Me frappe d'un ordre inhumain ;
Et lorsqu'il saisit la couronne,
  Je meurs de faim !

« Prenez pitié de ma misère,
Anglais, qui fuyez loin de moi !
Souvenez-vous du temps prospère
Où pour vous j'implorais le Roi !

Frémissez des maux que j'endure...
Quoi ! vous me refusez du pain !
Et quand tout vit dans la nature...
    Je meurs de faim !

« Mais je devrais plutôt me taire ;
Contre moi le ciel irrité
Me punit comme une adultère ;
Shore m'aimait ; je le quittai !...
Déjà la force m'abandonne,
Le besoin dévore mon sein,
Mon ame fuit ; mon Dieu, pardonne,
    Je meurs de faim ! »

LA SERVANTE MARIE [1].

Dans Rome, une fille des champs
Servait un nouveau Praxitèle ;
La nature avait mis en elle
Le germe des nobles talens.
Au sein des arts, l'humble Marie
S'étonne, admire tour à tour ;
Une étincelle de l'amour
Donne l'éveil à son génie.

[1] Épisode tiré de *la Physiologie des Passions*, par M. Alibert.

Ce n'est pas assez de l'aimer,
A son maître elle voudrait plaire ;
Sous ses mains et dans le mystère
On voit le marbre s'animer.
Pour toi, simple et tendre Marie,
Plus de repos !... la nuit, le jour,
Ton ciseau, guidé par l'amour,
Enfante une œuvre de génie.

Un prix est offert aux rivaux
Successeurs d'une antique gloire ;
Qui leur dispute la victoire ?
Qui vient éclipser leurs travaux ?
C'est toi... Quel triomphe ! ô Marie,
L'unique objet de tes amours,
Ton maître, juge du concours,
Couronne ton naissant génie !

Mais ton ame, jeune beauté,
A trop de soins fut asservie ;
Il te faut payer de ta vie
Un moment de célébrité !

Ton souvenir, pauvre Marie,
Fait répéter au troubadour
Qu'une étincelle de l'amour
Souvent fait naître le génie.

Mise en musique par E. Bruguière.

HENRIETTE MARIE DE FRANCE.

Par le cruel d'Essex, qui menace ma vie,
Loin du roi, mon époux, errante et poursuivie,
Lorsque ma fille à peine au jour ouvre ses yeux,
Il faut abandonner cet enfant précieux !
  Dans la cabane obscure
  Où je cache mes pas,
  Que de tourmens j'endure !...
Amis, qui m'entourez, prions ! mais prions bas !

J'ai bravé la tempête, et, fille d'Henri-Quatre,
Contre des révoltés mon bras a su combattre;
Cependant aujourd'hui je sens frémir mon sein
En songeant au poignard d'un farouche assassin.

   Vers ces lieux on s'avance...
   Que vois-je? des soldats!...
   Le plus profond silence!...
Amis, qui m'entourez, prions! mais prions bas!

Les cruels! de ma mort ils se font une fête!
De l'or leur est promis s'ils apportent ma tête!
Leurs sinistres desseins glacent mon cœur d'effroi...
Mon Dieu! je vous implore, ayez pitié de moi!

   Le ciel m'est favorable,
   Il éloigne leurs pas...
   O bonheur ineffable!
Amis, qui m'entourez, prions! mais prions bas!

Mise en musique par A. Panseron.

CINQ-MARS.

Aux plus hauts rangs de la puissance,
Oui, j'ai juré de parvenir;
Par eux Cinq-Mars doit t'obtenir,
O toi vers qui mon cœur s'élance!

   Ton amour fait ma loi,
   O ma belle Marie !
   Je veux perdre la vie
   Ou m'élever à toi.

Devant moi Richelieu s'efface,
Il a tremblé de mes succès;
Lui seul enchaîne mes projets,
Qu'il m'écrase ou me fasse place!

 Ton amour fait ma loi,
 O ma belle Marie!
 Je veux perdre la vie
 Ou m'élever à toi.

Mais qu'ai-je appris? une couronne
De son éclat vient t'éblouir;
Pour elle tu peux me trahir!...
A moi la mort!... à toi le trône!

 Ton amour fit ma loi,
 Trop légère Marie;
 J'abandonne une vie
 Qui n'est plus rien sans toi.

JEANNE DE FLANDRE

AU TOMBEAU DE SON ÉPOUX.

Vois-tu ces emblèmes de mort?
Vois-tu ce marbre funéraire?...
Là gît le comte de Montfort
Qui fut mon époux et ton père!
Privé de ce puissant appui,
Près de ta mère désolée,
Au pied du sombre mausolée,
Prions, mon fils, prions pour lui!

Toujours brave et jamais heureux,
Sans nulles plaintes importunes,
Ce guerrier fier et généreux
Succomba sous ses infortunes.
Privé de ce puissant appui,
Près de ta mère désolée,
Au pied du sombre mausolée,
Prions, mon fils, prions pour lui !

Ses longs malheurs et sa vertu
M'ont fait imiter son courage,
Et vaillamment j'ai combattu
Pour l'arracher à l'esclavage.
Privé de ce puissant appui,
Près de ta mère désolée,
Au pied du sombre mausolée,
Prions, mon fils, prions pour lui !

Mais vainement Charles de Blois
Croit triompher de ton enfance,
Seule, je soutiendrai tes droits,
Tes droits acquis par ta naissance !

Privé de son puissant appui,
Près de ta mère désolée,
Au pied du sombre mausolée,
Prions, mon fils, prions pour lui !

. Mise en musique par A. Panseron.

LA JEUNE FILLE DE TOSCANELLE

ET CHARLES VIII.

Sire, en ces lieux quand vos soldats,
Après le plus affreux pillage,
Viennent me remettre en vos bras
Sans m'avoir fait aucun outrage ;
Pourquoi vous vois-je ainsi rougir ?
Malgré moi, je me sens frémir !...

> J'implore ta puissance,
> O mère du Sauveur!
> Commande au roi de France
> De me sauver l'honneur!

Sire, vantez moins la beauté
D'une fille de Toscanelle!
A vos yeux plus d'une cité
Vous en a montré de plus belle.
Sire, que vos nobles secours
Remplacent de galans discours!...

> J'implore ta puissance,
> O mère du Sauveur!
> Commande au roi de France
> De me sauver l'honneur!

La vertu, sire, est un trésor
Bien préférable à vos richesses;
Elle fait résister à l'or
Qui sollicite des caresses...
Mais pour moi cesse tout danger
Et vous daignez me protéger.

Merci de ta puissance,
O mère du Sauveur !
Par toi le roi de France
Me conserve l'honneur.

JANE GRAY.

Jouis de ton triomphe, inhumaine Marie!
Mon époux adoré vient de perdre la vie,
J'ai vu le char portant ses restes précieux ;
Par tes ordres cruels je vais le joindre aux cieux ;
A tes ressentimens livre-toi sans contrainte !
Si ce n'est sans remords, règne du moins sans crainte !
O mon Dieu, je n'ai plus que mon ame à t'offrir ;
Hélas ! si jeune encore, être reine, et mourir !

J'étais loin de prétendre à la grandeur suprême,
Et cependant mon front a ceint le diadème;
Pour obéir aux miens j'ai fait taire ma voix
Alors qu'au rang suprême on élevait mes droits.
Vous qui m'accompagnez à mon heure dernière,
Apaisez vos sanglots par la sainte prière!
O mon Dieu, je n'ai plus que mon ame à t'offrir;
Hélas! si jeune encore, être reine, et mourir!

Dérobez à mes yeux tous ces apprêts funèbres!
Que ce bandeau glacé me prête ses ténèbres!
O funeste destin! ô moment plein d'horreur!
Dans mon sein de la mort je sens l'avant-coureur!
Guidez ma main tremblante où doit poser ma tête!
C'est là!... Supplice affreux!... Adieu, tous! je suis prête.
O mon Dieu, je n'ai plus que mon ame à t'offrir;
Hélas! si jeune encore, être reine, et mourir!

Mise en musique par A. Panseron.

ROMANCES.

SI VOUS ÉTIEZ MA SŒUR.

Si vous étiez ma sœur,
Pourriez-vous me défendre
Ce regard vif et tendre
Qui trahit mon ardeur?
Les soins que je mets à vous plaire,
Loin d'exciter votre colère,
Seraient reçus avec douceur,
Si vous étiez ma sœur.

ROMANCES.

  En m'éloignant des lieux
  Qu'embellissent vos charmes,
  Je verrais quelques larmes
  S'échapper de vos yeux.
A mon retour, heureux délire,
J'obtiendrais, avec un sourire,
D'un baiser la douce faveur,
  Si vous étiez ma sœur.

  Être chéri de vous
  Serait mon bien suprême ;
  Je vous dirais : *Je t'aime,*
  Sans faire de jaloux.
Plus de sombre mélancolie !
Plus de tourmens... mais je m'oublie...
L'amour serait-il dans mon cœur,
  Si vous étiez ma sœur ?

Mise en musique par E. Bruguière, et par A. Romagnesi.

LE VERRAS-TU JAMAIS?

Le destin appelle aux combats
Celui qui t'aima dès l'enfance;
Pauvre Lise, comment, hélas!
Supporter sa cruelle absence?
De ses plus tendres sentimens
Dans son bouquet brille l'image;
De ses feux et de ses sermens
Serait-ce donc le dernier gage?

Garde ces fleurs,
Pauvre bergère !
Verse des pleurs !
Rejoins ta mère !
Ce Julien que tu chérissais,
Ah ! le reverras-tu jamais ?

A sa douleur, à son amour,
Lise restait toujours fidèle ;
Lorsque d'un fortuné retour
Dans le hameau court la nouvelle ;
Son cœur bat du plus tendre espoir,
Le plaisir mouille sa paupière ;
Pour l'ami qu'elle va revoir
Lise décore sa chaumière...

Cueille des fleurs,
Pauvre bergère !
Sèche tes pleurs
Près de ta mère !
Prolonge ces touchans apprêts !
Trop tôt renaîtront tes regrets.

Les accens des jeunes guerriers
Rendus enfin à leurs montagnes
Ont retenti dans leurs foyers;
Lise accourt avec ses compagnes;
Bientôt chacun d'eux sur son cœur
Reçoit une mère, une belle;
Quant à Julien, affreux malheur!
C'est en vain que Lise l'appelle...

 Jette ces fleurs,
 Pauvre bergère!
 Verse des pleurs!
 Rejoins ta mère!
Ce Julien, que tu chérissais,
Tu ne le reverras jamais!

Mise en musique par A. Panseron.

MON RETOUR EN FRANCE.

Rives charmantes de la Seine
Où je connus le vrai bonheur,
Vers vous l'amitié me ramène ;
Quel doux émoi saisit mon cœur !
En vous quittant, j'ai souvenance
Que des pleurs coulaient de mes yeux ;
Il me semblait que l'existence
N'était que sur vos bords heureux.

ROMANCES.

Loin de l'objet de ma tendresse
Mes jours ont passé dans l'ennui;
Enfin, je pars; éclat, richesse,
Vous ne m'avez point ébloui.
Adieu! noir climat d'Angleterre,
Adieu! sombre et vaste cité,
Un Français ne saurait se plaire
Dans les lieux que fuit la gaîté.

Mais le zéphir déjà balance
La nef prête à fendre les flots;
Elle nous porte vers la France,
Aux cris joyeux des matelots.
Salut, ô ma belle patrie!
Je te revois; puisse, à son tour,
Tes baisers, amante chérie,
Embellir encor mon retour!

Mise en musique par L. Maresse.

L'ERMITE DE SELMOURS.

En marchant d'erreur en erreur
J'ai vu s'éclipser mon jeune âge,
Et je n'ai trouvé le bonheur
Que dans ce paisible ermitage ;
Rien n'y saurait troubler les jours
Du vieil ermite de Selmours.

Quel heureux calme je ressens !
Ici mon cœur plus ne murmure,
Et ma voix ne trouve d'accens
Que pour l'auteur de la nature ;
Qu'il daigne veiller sur les jours
Du vieil ermite de Selmours !

Au pied de ces sombres rochers
Dont l'œil à peine atteint la crête,
Combien j'aperçois de nochers
Qui luttent contre la tempête,
Tandis qu'en paix coulent les jours
Du vieil ermite de Selmours.

Mon espoir n'est que dans les cieux ;
Là toujours vole ma pensée ;
Projets trompeurs, ambitieux,
Et gloire si vite éclipsée,
Il vous a quittés pour toujours
Le vieil ermite de Selmours.

ADIEU, BONHEUR.

Adieu, bonheur ! loin de ma bien-aimée
Ils sont passés ces instans de plaisir.
Quel vide affreux !... dans mon ame alarmée
Je ne retrouve, hélas ! qu'un souvenir !
  Adieu, bonheur.

Adieu, bonheur ! et toi, douce espérance,
Qui me soutins dans mes peines d'amour,
Tu fuis aussi ; par ta cruelle absence
Tout m'est ravi dans ce funeste jour !
  Adieu, bonheur.

Adieu, bonheur! quand la naissante aurore
Viendra dorer et les monts et les bois,
Cherchant en vain l'amante que j'adore,
Plus n'entendrai les doux sons de sa voix.
  Adieu, bonheur.

Adieu, bonheur! le soir, quand le feuillage
S'agitera balancé par les vents,
Seul et rêveur, parcourant le rivage
Le triste écho redira mes tourmens.
  Adieu, bonheur.

Mise en musique par E. Bruguière.

L'EXILÉ POLONAIS.

Les vents glacés dévorent ma paupière,
Plus de printemps, plus de joyeux zéphirs;
Du froid, malgré l'atteinte meurtrière,
Mon ame encor brûle de souvenirs :
Dans tes déserts, affreuse Sibérie,
Tant que le sort, hélas ! m'enchaînera,
Tendres amours, et toi, chère patrie,
Toujours pour vous mon cœur palpitera.

J'allais bientôt unir ma destinée
A la beauté digne de tous mes vœux,
Lorsque soudain une guerre acharnée
M'éloigna d'elle en ces jours orageux.
Je ne devais plus revoir mon amie...
Coupe d'hymen, ma bouche t'effleura.
Tendres amours, et toi, chère patrie,
Toujours pour vous mon cœur palpitera.

Les ennemis, nous combattant sans gloire,
Pendant long-temps n'eurent que des revers;
Au nombre seul ils ont dû la victoire,
Et nos héros sont jetés dans les fers.
O Liberté, pour un instant trahie,
Ta noble cause un jour triomphera...
Tendres amours, et toi, chère patrie,
Toujours pour vous mon cœur palpitera.

JE T'AIME ENCORE.

Il m'en souvient, lorsque l'amour
Soumit mon cœur à ta puissance,
Obtenir un tendre retour
Était ma plus douce espérance.
Dans ton ame un doute alarmant
Comprimait des feux près d'éclore ;
Tu me croyais un inconstant...
Et tu le vois, je t'aime encore.

Tu me disais : La vive ardeur
Dont je brûlerai pour la vie
Mourra chez vous avant la fleur
Qui brille au sein de la prairie.
Mais cinq fois un nouveau printemps
Du soleil d'avril se colore,
Fidèle à mes premiers sermens,
Ah ! tu le vois, je t'aime encore.

Il n'est pour moi d'autre bonheur
Que de te prouver ma tendresse ;
L'hiver viendra ; mais sa rigueur
Ne détruira pas mon ivresse.
De Philémon et de Baucis
Quand la constance les honore,
Comme eux dans ma vieillesse épris,
Oui, je dirai : Je t'aime encore.

Mise en musique par J.-B. Duvernoi.

SOUVENIRS DE L'ESPAGNE.

Vite au delà des Pyrénées
Reportez-moi, doux souvenirs !
Et de mes premières années
Que je goûte encor les plaisirs !

    Noble Ibérie,
    Belle patrie,
    Pour toi toujours
    Tous mes amours.

C'est là que joyeux interprètes
Du gai refrain des boléros,
La guitare et les castagnettes
Au loin provoquent les échos.

 Noble Ibérie,
 Belle patrie,
 Pour toi toujours
 Tous mes amours.

Qu'il fait beau voir sous leurs mantilles,
Auprès de jeunes cavaliers,
De Madrid les filles gentilles
Du Prado suivre les sentiers !

 Noble Ibérie,
 Belle patrie,
 Pour toi toujours
 Tous mes amours.

Parfois je crois encore entendre,
De la foule excitant les cris,
Le fier *toreador* prétendre
De la lutte emporter le prix.

> Noble Ibérie,
> Belle patrie,
> Pour toi toujours
> Tous mes amours.

La nuit, sous les sombres arcades,
S'organisent mille concerts ;
Partout, aux tendres sérénades
On voit les balcons entr'ouverts.

> Noble Ibérie,
> Belle patrie,
> Pour toi toujours
> Tous mes amours.

Mise en musique par Mlle Hélène Robert-Mazel.

L'ATTENTE.

Je vais te voir, ma douce amie,
Quand s'éteindront les feux du jour;
Le pâtre quitte la prairie,
L'écho redit son chant d'amour.
Zéphirs, balancez le feuillage!
Oiseaux, ranimez vos accens!
Fleurs, embaumez ce vert bocage!
C'est en ces lieux que je l'attends.

Au moindre bruit mon cœur s'élance
Et bat de crainte et de plaisir,
Car tout ici de ta présence
Retrace l'heureux souvenir.
Zéphirs, balancez le feuillage !
Oiseaux, ranimez vos accens !
Fleurs, embaumez ce vert bocage !
C'est en ces lieux que je l'attends.

Le clair ruisseau par son murmure
Me dit tes soupirs caressans ;
Du rossignol la voix si pure
Veut imiter tes sons touchans.
Zéphirs, balancez le feuillage !
Oiseaux, ranimez vos accens !
Fleurs, embaumez ce vert bocage !
C'est en ces lieux que je l'attends.

Déjà la cloche frémissante
Annonce au loin l'heure du soir...
Qu'entends-je... ô Dieux !... c'est mon amante,
C'est elle !... enfin je vais la voir !

Zéphirs, balancez le feuillage !
Oiseaux, ranimez vos accens !
Fleurs, embaumez ce vert bocage !
C'est en ces lieux que je l'attends.

Mise en musique par B.-J. Schloër.

LA ROSE BLANCHE DE L'ERMITE.

Simple et timide bachelette,
Sous un voile cachant ses traits,
Un soir, ainsi priait, seulette,
Notre-Dame-des-Monts-Valais :
« Reine des cieux, vierge immortelle,
« J'ai fait vœu, dès mes tendres jours,
« De venir dans cette chapelle
« Implorer ton puissant secours.

« Ce monde où le sort m'a placée
« Porte le trouble dans mes sens;
« Vers toi j'élève ma pensée,
« Pour fuir tant d'attraits séduisans. »
Elle achevait, quand un ermite
Vint à paraître dans ces lieux;
Et la bachelette, interdite,
En le voyant, baissa les yeux.

— « Ma fille, lui dit le bon père,
« Dieu bénira votre ferveur
« A conserver sur cette terre
« Tant d'innocence et de candeur;
« D'une rose acceptez l'hommage,
« Et placez-la sur votre cœur !
« Que ce pieux pélerinage
« Fasse à jamais votre bonheur ! »

Depuis ce temps, la bachelette
Ne quitte plus la blanche fleur;
Parfois, tout bas, elle répète,
Quand elle craint quelque malheur :

« Reine des cieux, vierge immortelle,
« A mon cœur rappelle toujours
« D'avoir été dans ta chapelle
« Implorer ton puissant secours! »

Mise en musique par C. Laffilé et par Meissonnier aîné.

ELLE AIME POUR TOUJOURS.

Ne dites pas que l'amour d'une femme
Doive céder à l'appât d'un trésor!
Ne dites pas que l'on gagne son ame
Par des plaisirs plus futiles encor!
Quand une fois une flamme naissante
Soumet son cœur à la loi des amours,
Tout vient nourrir sa passion brûlante:
 Elle aime pour toujours!

Ne dites pas qu'ingrate autant que belle,
Comme l'abeille elle aime à voltiger
Vers une fleur plus fraîche et plus nouvelle ;
Un vain désir ne la fait point changer ;
S'abandonnant au penchant qui l'entraîne
Vers un objet digne de ses amours,
Toute autre ardeur à ses yeux serait vaine ;
Elle aime pour toujours !

Mise en musique par C. P. Lafont.

FAUX SOUPÇON.

❈

Dieux ! se peut-il ! que vient-on de m'apprendre !
Elle oserait à ce point me trahir ?
Pour elle, hélas ! mon amour est si tendre...
La soupçonner, je n'ose y consentir !

   O ma Léocadie,
     Je crois à ta candeur ;
     Non, tant de perfidie
     N'entre pas dans ton cœur.

Quoi ! je verrais celle qui m'est si chère,
D'un pas rapide, et sans craindre la nuit,
Pour un rival que l'ingrate préfère,
Franchir le seuil de ce sombre réduit ?...

 O ma Léocadie,
 Je crois à ta candeur ;
 Non, tant de perfidie
 N'entre pas dans ton cœur.

Oh ciel ! j'entends sa démarche légère ;
Déjà je sens éclater mon courroux !...
C'est elle et lui... Me trompé-je ?... son frère !...
On s'est joué de mes transports jaloux !

 O ma Léocadie,
 Je crois à ta candeur ;
 Non, tant de perfidie
 N'entrait pas dans ton cœur.

Mise en musique par A. Panseron.

LE RHONE.

Fuyant de la Provence
Le ciel si doux, si pur,
Tu vas quitter la France,
Beau Rhône aux flots d'azur;
Ta fugitive image
Me fait penser toujours
Qu'ainsi de l'heureux âge
Couleront les beaux jours.

Ta surface déclive
A peine a balancé
Un esquif en dérive
Qu'il est déjà passé.
Tu perds, près de la plage,
Tes plus jolis contours ;
Ainsi de l'heureux âge
Changeront les beaux jours.

Ta marche est plus rapide,
Moins calmes sont les airs ;
Ton onde est moins limpide,
En approchant des mers.
Au départ du voyage,
On admirait ton cours :
Ainsi de l'heureux âge
S'enfuiront les beaux jours.

LE PAUVRE PAGE.

Jeune beauté de haut parage
Vivait jadis dans un castel ;
On lui voulait, selon l'usage,
Pour époux riche damoisel ;
Mais, jouvenceau du voisinage
L'aimait de la plus vive ardeur.
Ah ! sans naissance, pauvre Page,
Sans fortune, c'est grand malheur
    D'avoir un cœur.

Tendre regard et doux sourire
Firent naître secrets aveux ;
Innocens ils aimaient à dire
Qu'amour seul pouvait rendre heureux.
Tous deux ignoraient, à leur âge,
Qu'il faut aux grands autre bonheur.
Ah ! sans naissance, pauvre Page,
Sans fortune, c'est grand malheur
    D'avoir un cœur.

Mais, un beau jour, vint à paraître
Au castel puissant dameret ;
De la belle on le rendit maître
Sans s'occuper s'il lui plairait.
Brillant et pompeux étalage
Était son talisman trompeur.
Ah ! sans naissance, pauvre Page,
Sans fortune, c'est grand malheur
    D'avoir un cœur.

Tant d'éclat séduit l'infidèle ;
Plus ne pense à si doux amour.

Pour le Page, ô peine cruelle!
Quand faut la quitter sans retour.
Le jour même du mariage,
On dit qu'il mourut de douleur!...
Ah! sans naissance, pauvre Page,
Sans fortune, ce fut malheur
   D'avoir un cœur.

Mise en musique par F. Paër, et par le chevalier Lagoanère.

L'ADIEU DE L'ÉTRANGER.

Beau pays de France,
Heureux climat, site enchanteur,
Rien ne balance
La jouissance
Que ta présence
Apporte dans mon cœur !

Malgré mon envie,
Il faut te fuir, terre chérie !
A l'ordre secret
De te quitter j'obéis à regret.

Chez toi tout conspire
A faire aimer ton doux empire;
Tes riens gracieux
Plaisent partout et règnent en tous lieux.

Beau pays de France,
Heureux climat, site enchanteur;
Rien ne balance
La jouissance
Que ta présence
Apporte dans mon cœur!

Charmes de la vie,
Adieu plaisirs, adieu folie!
Adieu gais refrains
Qui de notre ame éloignent les chagrins!

Beau pays de France,
Heureux climat, site enchanteur;
Rien ne balance
La jouissance
Que ta présence
Apporte dans mon cœur!

Mise en musique par A. Romagnesi.

LA JEUNE ORPHELINE.

Ah! daignez accueillir la jeune et pauvre fille
Qui demande un abri près de votre famille!
Sans parens, seule au monde, hélas! que devenir?
Tous les jours je prirai le ciel de vous bénir.

    Bons villageois, de grâce,
    Ne me refusez pas!
    Je tiens si peu de place,
    Et je me plains si bas.

J'étais, naguère encor, hautement protégée ;
Mais de mon noble appui la fortune est changée ;
Et, quand sur ses revers je répandais des pleurs,
Des méchans, à la ville, ont ri de mes douleurs !

    Bons villageois, de grâce,
    Ne me refusez pas !
    Je tiens si peu de place,
    Et je me plains si bas.

Depuis l'autre matin j'erre dans la vallée ;
Mourante de besoin, craintive, désolée ;
Au récit de mes maux vous semblez attendris ;
Et je vois sur vos traits un bienveillant souris...

    Bons villageois, de grâce,
    Ne me refusez pas !
    Je tiens si peu de place,
    Et je me plains si bas.

Mise en musique par A. Romagnesi.

AMÉNAÏDE.

Loin de vous puis-je vivre heureuse,
Ah ! Tancrède, qu'avez-vous dit !
La mort me serait moins affreuse
Et troublerait moins mon esprit.
Vous me parliez, baissant la vue ;
Et votre voix éteinte, émue,
Annonçait un sombre courroux...
Quand vous sauviez mes jours, je les perdais pour vous.

Se peut-il qu'un soupçon coupable
Égare à ce point votre cœur ?
A vous, moi trouver préférable
Un Orbassan, votre oppresseur !
Mais j'ai dédaigné l'alliance
De Solamir dans la puissance ;
Eh ! de qui seriez-vous jaloux ?...
Quand vous sauviez mes jours, je les perdais pour vous.

Oubliez-vous que par ma mère,
Unis, à ses derniers momens,
Rien n'a le pouvoir sur la terre
De rompre nos vœux, nos sermens !
Plus on vous prodiguait l'outrage,
Plus je chérissais votre image,
Vous que mon cœur prit pour époux...
Quand vous sauviez mes jours, je les perdais pour vous.

VAGUE INQUIÉTUDE.

Plaisirs si purs de mon enfance,
Demeure où je reçus le jour,
Pour une nouvelle existence
Je vais vous quitter sans retour.
Mais, malgré moi, mon sein palpite...
D'où vient le trouble qui m'agite?
Former des nœuds selon son cœur,
   N'est-ce pas le bonheur?

Suivant le penchant qui m'inspire,
Et prête à me rendre à l'autel,
Je crains, à la fois, et désire
Cet instant sacré, solennel.
Oui, malgré moi, mon sein palpite...
D'où vient le trouble qui m'agite?
Former des nœuds selon son cœur,
   N'est-ce pas le bonheur?

Toi qui peux dans ce cœur de femme
Pénétrer d'un divin regard,
Dieu! vois combien brûle mon ame
De m'enchaîner à mon Edgard.
Et cependant mon sein palpite...
Banissons l'effroi qui m'agite!
Former des nœuds selon son cœur
   N'est-ce pas le bonheur?

Mise en musique par A. Panseron.

LE CHANT DU MÉNESTREL.

❈

« Malgré l'oracle d'Épidaure,
Malgré de généreux secours,
Hélas! puis-je espérer encore
De voir se prolonger mes jours?
Escorté de frimas, le sombre hiver s'avance;
Tout meurt et double mon effroi;
De crainte mon cœur bat bien plus que d'espérance;
O doux printemps, renaîtras-tu pour moi?

« Si l'amitié, près de ma couche,
Me montre un meilleur avenir,
Un sourire effleure ma bouche
Quand mon sein étouffe un soupir.
Un seul regard, un geste, une simple parole,
Me causent le plus vif émoi.
Un rien vient m'affliger, comme un rien me console.
O doux printemps, renaîtras-tu pour moi ?

« Que l'on goûte une ivresse pure
Quand les premiers feux du soleil
Viennent ranimer la nature
Plongée en un trop long sommeil !
Des bords lointains déjà je vois les hirondelles
Voltiger sur mon humble toit :
Les prés brillent déjà de mille fleurs nouvelles...
O doux printemps, oui, tu renais pour moi ! »

Victime de son imprudence,
Et blessé par un plomb cruel,
Ainsi, sur un lit de souffrance,
Chantait un jeune Ménestrel.

Mais l'art sait triompher du mal qui le dévore,
  Et du destin change la loi. [1]
Son cœur reconnaissant depuis soupire encore :
  Oui, doux printemps, oui, tu renais pour moi!

Mise en musique par A. Romagnesi, et par E. Bruguière.

---

[1] Dangereusement blessé à la chasse, lorsque j'habitais la Touraine, je ne dus mon retour à la vie qu'aux soins précieux des docteurs Gouraud et Bretonneau. Je me trouve heureux de pouvoir leur témoigner ici ma vive reconnaissance.

LE DÉPART DE LA GOÉLETTE.

Tu vas quitter le port,
Goélette légère ;
L'onde quitte ce bord,
La brise vient de terre.
Adieux, joyeux marins !
Les filles du rivage
Tristement sur la plage
Rediront vos refrains.

Pour elles va cesser
La danse à la guitare ;
Pour vous vont s'éclipser
Les feux brillans du phare.
Adieux, joyeux marins !
Les filles du rivage
Tristement sur la plage
Rediront vos refrains.

Livre aux vents, beau vaisseau,
Ta flamme diaprée !
Glisse comme un oiseau
Sur la mer azurée !
Adieux, joyeux marins !
Les filles du rivage
Tristement sur la plage
Rediront vos refrains.

Qu'un imprévu danger
Ne trouble ta croisière,
Et puisse s'abréger
Ta course aventurière !

Adieux, joyeux marins,
Les filles du rivage
Tristement sur la plage
Rediront vos refrains.

Mise en musique par Brod.

POUR VOUS MOURRA ESMÉRALDA !

❁

Bien plus heureuse qu'une reine,
A vous pour toujours je m'enchaîne,
Capitaine si valeureux,
Si bon, si beau, si généreux !
Pauvre enfant perdue en Bohême,
Aimez-moi comme je vous aime !

  Point de refus,
  O mon Phébus !

Oui, vous m'avez sauvé la vie ;
Vous aimer c'est ma seule envie ;
    Par vous vivra
    Esméralda ;
    Pour vous mourra
    Esméralda.

Marchez ! que je vous considère !
Combien de vous voir je suis fière !
Faites sonner votre éperon,
Et parez-vous du hoqueton !
Montrez-moi votre longue épée,
Pour moi de sang déjà trempée !...

    Plus de refus,
     O mon Phébus !
Oui, vous m'avez sauvé la vie ;
Être à vous c'est ma seule envie ;
    Par vous vivra
    Esméralda ;
    Pour vous mourra
    Esméralda.

Moi, la petite Égyptienne,
Si près du cœur d'un capitaine
Qui me rend soupir pour soupir !
C'est là que je voudrais finir...
Quand plus ne serai votre amante,
Que je reste votre servante !

    Point de refus,
    O mon Phébus !
Oui, vous m'avez sauvé la vie ;
Vous aimer c'est ma seule envie.
    Par vous vivra
    Esméralda ;
    Pour vous mourra
    Esméralda.

Mise en musique par T. Labarre.

PLAIGNEZ LE TROUBADOUR !

Éloigné de celle qu'il aime,
Le troubadour, sombre et rêveur,
Sous le poids d'une peine extrême,
Ne peut goûter aucun bonheur;
Déplorant sa cruelle absence,
Il en gémit la nuit, le jour.
O vous qui voyez sa souffrance,
   Plaignez le troubadour!

Errant dans les vastes campagnes,
Le cœur rempli de souvenirs,
Dans les vallons, sur les montagnes,
Il pousse de profonds soupirs.
Le rossignol et la fauvette
Vainement chantent tour à tour
Sans charmer son ame inquiète ;
   Plaignez le troubadour !

Sa lyre, hélas ! toujours plaintive,
N'exprime plus de joyeux sons ;
Les bois, les échos de la rive,
Redisent ses tristes chansons.
Tout lui paraît dans la nature
Partager ses tourmens d'amour.
Sensibles aux maux qu'il endure,
   Plaignez le troubadour !

Mise en musique par le chevalier Lagoanère.

JE VAIS LE VOIR.

Bientôt les chants de la victoire
Vont retentir dans nos foyers;
Alfred, environné de gloire,
Ramène ses vaillans guerriers...
Au loin, déjà, l'écho répète
Les fiers accens de la trompette...
    O doux espoir,
    Je vais le voir!

Au milieu du fracas des armes,
Tous mes pensers suivaient ses pas ;
Que pour lui j'ai versé de larmes !
Que pour lui j'ai craint le trépas !...
Plus près de moi, l'écho répète
Les fiers accens de la trompette...
  O doux espoir,
  Je vais le voir !

Assez long-temps pour la patrie
Il a déployé sa valeur ;
Qu'il se rappelle son amie !
L'amour aussi fait le bonheur !...
Mais dans nos murs l'écho répète
Les fiers accens de la trompette...
  O doux espoir,
  Je vais le voir !

Mis en musique par A. Panseron, et par Paul Favier.

LE MYSTÈRE ET L'AMOUR.

※

Tout languit dans la plaine ;
Le soleil de ses feux
Dessèche notre haleine,
Brûle nos pieds poudreux.
Quittons ces lieux, ma douce amie,
Et fuyons les clartés du jour !
Cherchons l'ombre chérie,
Le mystère et l'amour !

De ce lac si tranquille
Tu vois briller les eaux;
Le cygne s'en exile
Pour ses secrets roseaux.
Quittons ces lieux, ma douce amie,
Et fuyons les clartés du jour!
Cherchons l'ombre chérie,
Le mystère et l'amour!

Suivons, près du rivage,
Le vol du tendre oiseau
Qui rejoint le bocage
Où coule un clair ruisseau!
Quittons ces lieux, ma douce amie,
Et fuyons les clartés du jour!
Cherchons l'ombre chérie,
Le mystère et l'amour!

La cascade écumante,
Qu'au loin l'écho trahit,
De sa voix murmurante
Nous appelle à son bruit.

Quittons ces lieux, ma douce amie,
Et fuyons les clartés du jour !
 Cherchons l'ombre chérie,
 Le mystère et l'amour !

 Et la mousse légère,
 Et le parfum des fleurs,
 Là, tout saura nous plaire ;
 Tout charmera nos cœurs.
Quittons ces lieux, ma douce amie,
Et fuyons les clartés du jour !
 Cherchons l'ombre chérie,
 Le mystère et l'amour.

Mise en musique par Mme Pauline Duchambge, et par Paul Favier.

LE CHARME DE LA MÉLODIE.

Lorsque ta voix, ô mon amie,
Chante l'amour et le bonheur,
Le charme de ta mélodie
Porte le calme dans mon cœur.
Les chagrins cuisans de la vie
Sont dissipés par tes accens;
Une douce mélancolie
Captive et mon ame et mes sens.

Avec quelle grâce attrayante
Tu fais glisser tes jolis doigts
Sur chaque touche obéissante
Du clavier soumis à tes lois !
Avec quelle harmonie encore
S'unissent tes sons ravissans
A ceux de la harpe sonore !
Philomèle envîrait tes chants.

Si de la romance plaintive
Tu me répètes les refrains,
Je crois entendre sur la rive
De Sapho les hymnes divins.
Et lorsque ta lyre enchantée
Module de brillans accords,
J'écoute... il me semble qu'Orphée
Charme l'écho des sombres bords.

Mise en musique par L. Lafont.

LA SÉRÉNADE.

Amis, à la faveur de l'ombre,
Glissons au pied de ces palais !
Mettons à profit la nuit sombre,
Tout est calme, tout dort en paix.
O vous qui charmez notre vie,
Belles aux regards gracieux,
A vous notre douce harmonie !
A vous nos chants mélodieux !

Dans une froide indifférence,
Vous dont le printemps est passé,
Dormez, dormez sous la puissance
D'un songe pénible et glacé !
O vous qui charmez notre vie,
Belles aux regards gracieux,
A vous notre douce harmonie !
A vous nos chants mélodieux !

Que notre voix surtout n'éveille
Ni les méchans, ni les jaloux !
Qu'ils ignorent que l'amour veille !
Craignons d'exciter leur courroux.
O vous qui charmez notre vie,
Belles aux regards gracieux,
A vous notre douce harmonie !
A vous nos chants mélodieux !

LA PETITE GLANEUSE.

Vois-tu, mon fils, vers nos guérets,
La jeune fille qui s'avance?
Tu peux, par de simples bienfaits,
Pour elle être une providence.
Le pauvre aux moissons est admis;
Laisse de ta main généreuse
Échapper d'abondans épis
  Pour la petite glaneuse!

A peine au sortir du berceau,
Elle a perdu sa bonne mère,
Et, dans l'aveugle du hameau,
Mon fils, reconnais son vieux père !
Mais Dieu qui protége toujours
Une ame pure et vertueuse
Veille constamment sur les jours
  De la petite glaneuse.

Ce qu'elle recueille en ces lieux
Dépasse sa modeste attente ;
Le bonheur brille dans ses yeux ;
A chaque pas sa gerbe augmente.
Son père pourra, sans souffrir,
Braver la saison rigoureuse,
Et là se borne le désir
  De la petite glaneuse.

Elle a deviné ton secret,
Aux dons que ta main abandonne ;
Elle dispose le bluet
Pour t'en offrir une couronne.

Ah ! de son cœur reconnaissant,
Pour la rendre encor plus heureuse,
Accepte le léger présent
De la petite glaneuse !

Mise en musique par Antoni Moker.

REGRETS ET VŒUX.

Rêves du bonheur,
　Vous dont mon cœur
　Connut l'aurore ;
Age des désirs,
　Simples plaisirs,
Que n'êtes-vous encore !
　Tendres amours,
　Flammes discrètes,
　Adroits détours,
　Beautés coquettes,
Ah ! m'avez-vous fui pour toujours ?

　Aveux et sermens
　　Que les amans

Se font sans cesse ;
Légères faveurs,
Sourires, pleurs,
Qui causent leur ivresse ;
Tendres amours,
Flammes discrètes,
Adroits détours,
Beautés coquettes,
Ah ! m'avez-vous fui pour toujours ?

Prisme radieux,
Charme mes yeux
Par ta magie !
Doux rayon d'espoir,
Avant le soir,
Viens embellir ma vie !
Tendres amours,
Flammes discrètes,
Adroits détours,
Beautés coquettes,
Ah ! m'avez-vous fui pour toujours ?

Mise en musique par E. Bruguière, et par l'auteur des paroles.

RIEN NE POURRA NOUS DÉSUNIR.

Ah ! tu le sais, sur ce rivage,
Témoin de nos premiers soupirs,
Nos jours ont coulé sans nuage,
Au sein des jeux et des plaisirs.
Pour conserver, ô mon amie !
Tant de bonheur dans l'avenir,
Tous deux jurons que dans la vie,
Rien ne pourra nous désunir !

Vois ces palmiers ! Notre existence
Peut avoir le même destin ;
Du sol qui leur donna naissance
Ils furent séparés soudain.
Lorsque entre eux s'ouvrant un passage,
Le noir torrent vient à mugir,
Tous deux enlacent leur feuillage,
Rien ne pourra les désunir.

C'est vainement qu'un sort contraire
Loin de toi fixerait mes pas ;
Jusque de la terre étrangère
Mes pensers joindraient ces climats.
Oui, je calmerais ma souffrance
Par le charme du souvenir ;
Et, malgré ma cruelle absence,
Rien ne pourra nous désunir.

Mise en musique par E. Bruguière.

LES ADIEUX DE PENSION.

Une amitié tendre et fidèle
Vint nous unir comme deux sœurs;
Quand dans le monde on nous rappelle,
Confondons encore nos pleurs !
Adieu donc, compagne chérie,
Nos cœurs, l'un pour l'autre étaient faits !
On peut se quitter dans la vie,
   Mais s'oublier, jamais !

Pensons souvent à cet asile
Où chacune de nous apprit,
Sous un enseignement facile,
Ce qu'il faut à l'ame, à l'esprit.
Les plaisirs si purs du jeune âge
A d'autres plus remplis d'attraits
Pourront céder leur avantage,
 Mais s'oublier, jamais !

Ce que seront nos destinées,
Hélas ! nous l'ignorons encor ;
De nos plus heureuses années
Est-il épuisé le trésor ?
Du temps heureux de notre enfance
Pourront s'adoucir les regrets
Par une nouvelle existence ;
 Mais l'oublier, jamais !

LE TONNERRE.

Cessez de me parler de votre amour extrême,
   Imprudent étranger !
Non, non, n'espérez pas que jamais je vous aime !
   J'en crains trop le danger.
Surprise, ici, par vous dans ce lieu solitaire,
   Séparons-nous !...
Au loin, quel bruit confus... serait-ce le tonnerre ?
   L'entendez-vous ?

Malheur à qui voudrait tromper mon innocence,
  Fût-il même le roi !
Ma mère, morte, hélas! dès ma plus tendre enfance,
  Toujours veille sur moi.
Des cieux elle me prête un appui tutélaire;
  Séparons-nous!...
Le bruit augmente encore... Oui, c'est bien le tonnerre...
  L'entendez-vous?

Laissez, laissez ma main! votre audace m'étonne.
  La nuit couvre les airs...
Le vent siffle et mugit... sur nos têtes il tonne.,.
  Quels horribles éclairs!
A leur clarté voyez la tombe de ma mère!
  Séparons-nous!...
Le ciel vous le redit par la voix du tonnerre..,
  L'entendez-vous?

LA SIRÈNE.

Près d'un vaisseau voguant sur l'onde
Qu'un léger zéphir agitait,
Sortant de sa grotte profonde,
Une Sirène ainsi chantait :
« Beaux voyageurs, si le plaisir vous guide,
 « Si d'amour vous suivez la loi,
« Venez, venez dans ma retraite humide!
  « Venez à moi !

« Si le doux prix d'une caresse
« Touche votre ame, émeut vos sens,
« Venez partager mon ivresse,
« Venez! venez! je vous attends.
« Que de ma voix la touchante harmonie
« Éveille en vous un tendre émoi!
« Je vous plairai, je suis fraîche et jolie,
« Venez à moi! »

Les nautoniers que maints voyages
Avaient amenés sur ces bords,
Appréciaient ces vains hommages,
Et ne ressentaient nuls transports.
Mais un novice, au printemps de sa vie,
A cette amorce ajoutant foi,
Soudain s'élance à celle qui lui crie :
« Venez à moi! »

La Sirène à ce téméraire
Préparait un horrible sort,
Lorsque d'une main tutélaire
Un ami l'arrache à la mort ;

L'infortuné, maudissant son délire,
    Repousse et fuit avec effroi
Celle qui dit avec un faux sourire :
    « Venez à moi ! »

Mise en musique par C. Laffillé.

LE VIZIR ET SON ESCLAVE.

Plus vif que le saphir qui brille
Sur le poignard du fier sultan,
Ou que l'étoile qui scintille
Par un ciel pur au firmament,
O Myrza, ton regard de femme
    Qui dans mon ame
    Sans cesse luit
    Est une flamme
    Qui m'éblouit.

Roi, j'abandonnerais mes trônes,
Pâtre, mes plus riches troupeaux,
Pour un seul regard que tu donnes
De tes yeux bleus, si doux, si beaux.
O Myrza, ton regard de femme
    Qui dans mon ame
    Sans cesse luit
    Est une flamme
    Qui m'éblouit.

Je veux rompre ton esclavage
Pour enchaîner ma liberté ;
Et, vizir, je t'offre en partage.
Ma main pour prix de ta beauté.
O Myrza, ton regard de femme
    Qui dans mon ame
    Sans cesse luit
    Est une flamme
    Qui m'éblouit.

Malheur à ceux dont la pensée
De moi t'éloignerait un jour !

Malheur à toi, si, fiancée,
Ils osaient te parler d'amour !
O Myrza, ton regard de femme
    Qui dans mon ame
    Sans cesse luit
    Est une flamme
    Qui m'éblouit.

Mise en musique par F. Masini.

VOUS M'AIMEZ DONC UN PEU?

Vous exigez, avec tant de beauté,
Que près de vous je tienne un froid langage,
Et vous doutez de ma sincérité,
A vos attraits dès que je rends hommage.
   De mon amour le tendre aveu
   Ne pourra-t-il jamais vous plaire?
   Jenny, vous me croiriez sincère,
     Si vous m'aimiez un peu.

Lorsque, séduit par vos regards si doux,
De vos appas je vante la puissance,
Vous manifestez un courroux
Qui de mon cœur chasse toute espérance.
   De mon amour le tendre aveu
   Ne pourra-t-il jamais vous plaire?
   Jenny, vous me croiriez sincère,
     Si vous m'aimiez un peu.

Quel embarras! et que vous dire... Eh bien!
Votre teint semble une rose fanée;
Vos yeux sont grands, mais ils ne disent rien...
Vous vous fâchez... cruelle destinée!
   Je prévoyais qu'un tel aveu,
   N'était pas de nature à plaire;
   Jenny, je serais plus sincère,
     Si vous m'aimiez un peu.

Mais quand de vous dépend tout mon bonheur,
En vous louant, selon vous j'exagère;
En vous blâmant, j'afflige votre cœur;
De vous charmer vraiment je désespère.

Hélas! qu'un si pénible aveu
Coûte à celui qui cherche à plaire...
Je ne vous parais pas sincère...
    Vous m'aimez donc un peu?

Mise en musique par Paul Favier.

MA CHAUMIÈRE ET CE QUE J'AIME.

Eh! que m'importent les grandeurs,
L'éclat du rang et la richesse ?
Loin, loin de moi, titres, honneurs,
Vous n'avez rien qui m'intéresse.
Des coups du sort on ne craint rien,
On brave sa rigueur extrême,
Quand on possède pour tout bien
Et sa chaumière et ce qu'on aime.

Amans de la frivolité,
Qui vous nourrissez de fumée,
Disciples de la volupté,
Esclaves de la renommée,
Fuyez un prestige trompeur !
Pour savourer le bonheur même ;
Que vous demande votre cœur ?
Une chaumière et ce qu'il aime.

Où sont-ils ces fiers potentats
Dont le regard sombre et superbe
Faisait trembler tous les états ?
Leur tombe se cache sous l'herbe.
Le temps soumet tout à sa loi,
Telle est la volonté suprême ;
Mais qu'il ne frappe qu'après moi
Et ma chaumière et ce que j'aime !

Mise en musique par E. Bruguière.

LA CONVALESCENCE.

O ma mère, tu veux de ma lyre docile
Que les simples accords s'unissent à ma voix;
Ton front est moins brûlant, tu parais plus tranquille,
Et je puis sans danger t'obéir cette fois.
  Exauce, ô mon Dieu, la prière
  Que je t'adresse chaque jour !
  Conserve la plus tendre mère
   A mon amour !

Cette nuit tu n'as pas éprouvé de souffrance ;
Tu goûtais les douceurs d'un bienfaisant sommeil.
Mon cœur a pu dès lors s'ouvrir à l'espérance;
Je répétais, tout bas, attendant ton réveil :
  Exauce, ô mon Dieu, la prière
  Que je t'adresse chaque jour !
  Conserve la plus tendre mère
   A mon amour !

Le soleil embellit la nature animée,
L'oiseau chante au bocage, et la fleur brille aux champs,
Bonne mère, bientôt, dans la plaine embaumée
Nous irons respirer l'air si pur du printemps.
  Exauce, ô mon Dieu, la prière
  Que je t'adresse chaque jour !
  Conserve la plus tendre mère
   A mon amour !

Mise en musique par A. Romagnesi.

UNE AVENTURE DE BAL.

Oui, ma fureur est sans égale ;
Quoi ! se peut-il, ô nuit fatale !
Que dans ce bal, à ma rivale
Le traître ose se réunir !
Je saurai tout ; mais, inconnue,
Parmi ces masques confondue,
Je veux en vain fixer ma vue...
Tout ce fracas vient m'éblouir...

    Mon sein s'agite,
    Mon cœur palpite,
Dans ces lieux je crains de mourir !

Que ce maudit refrain de danse
Ajoute encore à ma souffrance !
Plus loin avançons en silence !
Mes genoux sous moi vont fléchir.
Dans cette foule on m'environne,
Chacun rit, passe, tourbillonne,
Et je ne trouve sur personne
Le signe qui doit m'éclaircir...

    Mon sein s'agite,
    Mon cœur palpite,
Dans ces lieux je crains de mourir !

Non, point d'Alfred ; non, point d'Hortense ;
C'est une fausse confidence.
D'une coupable défiance
Me faudra-t-il demain rougir ?

O ciel!... là bas!... vers l'embrasure...
Plus de doute sur l'aventure...
C'est lui!... c'est elle!... oui, du parjure
L'aigrette d'or vient le trahir!...

  Mon sein s'agite,
  Mon cœur palpite...
De l'air... ah! je me sens mourir!

Mise en musique par T. Labarre.

LE MALADE D'AMOUR.

« O mon cher fils, ta bonne mère,
« Qui dans toi mettait son espoir,
« Verra la tombe de ton père
« Se rouvrir pour te recevoir !
« Un chagrin secret te dévore,
« Te fait mourir à ton printemps ;
« Mon fils, il en est temps encore,
« Fais-moi connaître tes tourmens ? »

Ainsi parlait la pauvre Alvie,
Au chevet d'un fils expirant;
Enfin, prêt à quitter la vie,
« Écoute, dit-il, en pleurant :
« Aux rians coteaux d'Erymanthe
« Je vis Daphné; mais les froideurs
« De cette vierge ravissante
« Causent mon mal, et je me meurs! »

— « Il se pourrait!... Ciel! ta souffrance,
« Infortuné, vient de l'amour!
« Renais à la douce espérance!
« Vis au moins jusqu'à mon retour! »
De Daphné gagnant la chaumière,
Elle dit, en poussant des cris :
« Soyez sensible à ma prière,
« Venez, ou je n'ai plus de fils! »

Daphné pâlit. Alors son père
D'un seul regard comble ses vœux;
Elle court au lit solitaire
Où languit l'amant malheureux :

« Je ne te vois d'aucune fête,
« Dit-elle, ami, pourquoi mourir
« Quand notre hymen déjà s'apprête,
« Quand mon père veut te bénir. »

Le malade à sa voix s'éveille,
Ouvre des yeux appesantis ;
Quels mots ont charmé son oreille ?
Par un songe sont-ils produits ?...
Non, c'est Daphné que sa main presse !
Au bonheur tous deux sont rendus :
Puissant effet d'une caresse !
Daphné l'aime, il ne souffre plus.

Mise en musique par L. Maresse.

AH! POURQUOI REFUSER D'AIMER?

Lise brille dans le village
Ainsi qu'aux champs brille une fleur;
Ses yeux noirs, son gentil corsage,
Tout en elle a séduit mon cœur :
Mais sa froideur me désespère ;
Rien ne peut-il donc l'animer ?
Jeune beauté, quand tu sais plaire,
Ah! pourquoi refuser d'aimer?

Malgré mes vœux, cette cruelle,
Loin de partager mon ardeur,
Dédaigne l'image fidèle
Que je trace du vrai bonheur.
Vainement je lui dis : Ma chère,
Il ne suffit pas de charmer;
Autant que toi quand on sait plaire,
Ah ! pourquoi refuser d'aimer ?

Souvent je crois, ô peine extrême !
Qu'un autre mortel plus heureux
Peut-être de Lise elle-même
A reçu de secrets aveux ;
Mais cette erreur est passagère,
Rien encor n'a pu l'enflammer;
Jeune beauté, quand tu sais plaire,
Ah ! pourquoi refuser d'aimer ?

Malheur à vous, amans sensibles
Qui, cherchant un tendre retour,
Rencontrez des cœurs inflexibles,
Sans désirs comme sans amour.

Lise, pour moi sois moins sévère,
Laisse l'amour te désarmer !
Autant que toi quand on sait plaire,
Ah ! pourquoi refuser d'aimer ?

Mise en musique par F. Paër.

PRIEZ DIEU!

La prière console;
Cette sainte parole
Qui vers les cieux s'envole
Y porte notre vœu.
O vous, dans l'innocence
De la première enfance,
Avec reconnaissance
    Priez Dieu!

Dans votre cantatille,
Priez-le, jeune fille,
Vous dont le regard brille
D'un si pudique feu ;
Et, pour que dans ce monde
Où tant de mal abonde
Sa grâce vous seconde,
   Priez Dieu !

Malheureux de la terre,
Dans votre peine amère
Vous que le sort sévère
Favorise si peu ;
Puissans que l'on envie
Afin que votre vie
De regrets soit suivie,
   Priez Dieu !

Faut-il, sans espérances,
Faire à vos jouissances
Ou bien à vos souffrances
Un éternel adieu,

Quand, à l'heure dernière,
Mortels, votre paupière
Se ferme à la lumière,
   Priez Dieu!

LE TROMPETTE.

Donnez quelques pleurs à l'histoire
Du trompette d'un régiment
Dont le peintre [1] de notre gloire
Retraça le dernier moment;
Il précédait sur le sol d'Ibérie
Nos escadrons victorieux;
Et les échos de la sombre Russie
Ont redit ses chants belliqueux.

[1] Horace Vernet.

Soudain, une ligue ennemie
Éclate contre nos héros.
Tout menace notre patrie;
La victoire fuit nos drapeaux.
Autour de lui le valeureux trompette
Voit les rangs français s'éclaircir,
Il frémissait de sonner la retraite
Lorsque la mort vint le saisir.

Il n'est plus le jeune trompette
Qui sut animer nos guerriers;
Succombant avant la défaite,
Il n'a cueilli que des lauriers.
Il n'ira plus au pied de la muraille
Annoncer la loi du vainqueur;
Il n'ira plus sur le champ de bataille
Sonner la charge de l'honneur.

Mise en musique par le chevalier Lagoanère.

LES CONSOLATIONS D'UNE MÈRE.

Auprès de vous quand je m'avance,
Vous vous taisez en ma présence ;
Reprenez vos jeux innocens !
Souriez-moi, mes chers enfans !
Il est des momens sur la terre
Où la douleur la plus amère,
Semblant se plaire à sommeiller,
Cherche une fleur pour l'effeuiller.

Dans ce jour, essuyez mes larmes !
Calmez les cruelles alarmes
Que m'ont causé l'affreux trépas
D'un époux mort dans les combats !
Il est des momens sur la terre
Où la douleur la plus amère,
Semblant se plaire à sommeiller,
Cherche une fleur pour l'effeuiller.

Demain, descendant la vallée,
Nos irons tous au mausolée
Déposer, au pied des cyprès,
Nos souvenirs et nos regrets.
Il est un moment sur la terre
Où la douleur la plus amère,
Semblant se plaire à sommeiller,
Cherche une fleur pour l'effeuiller.

LA VEILLE DES ARMES.

Demain je serai chevalier !
Je vous consacre ma nuit d'armes,
O vous dont j'adore les charmes,
Disait tendrement Olivier.
Ah ! puissiez-vous jusqu'à l'aurore
Oublier tuteur et verrous !...
Dormez ! ma chère Éléonore,
Dormez ! je veille auprès de vous.

Demain d'un brillant chevalier
Je ceindrai l'éclatante armure;
Vos couleurs seront ma parure,
Disait tendrement Olivier.
Dans le castel que tout ignore
Mes transports, vos aveux si doux!...
Dormez! ma chère Éléonore,
Dormez! je veille auprès de vous.

Demain en loyal chevalier
Je ne vivrai que pour ma belle;
Je mourrai, s'il le faut, pour elle,
Disait tendrement Olivier.
Qu'un rayon de gloire m'honore,
Et je triomphe des jaloux!
Dormez! ma chère Éléonore,
Dormez! je veille auprès de vous.

Il fut en effet chevalier,
Et soudain partit pour la guerre.
L'ennemi perdit sa bannière,
Qu'enleva le brave Olivier...

De retour près d'Éléonore,
On le proclama son époux ;
Heureux de répéter encore :
Dormez ! je veille auprès de vous.

Mise en musique par E. Bruguière, et par P. Favier.

LE DÉPART POUR LA VILLE.

Chère enfant, la barque s'avance,
Et des pleurs coulent de mes yeux;
Il te faut donc quitter ces lieux
Pour te créer une existence!
Ah! rappelle à ton souvenir
   Les larmes de ta mère,
Les touchans adieux de ton père
Priant le ciel de te bénir!

Dans la ville, où tu n'es pas née,
Puisses-tu goûter d'heureux jours,
Et que rien n'y trouble le cours
De ta future destinée !
Ah ! rappelle à ton souvenir
    Les larmes de ta mère,
Les touchans adieux de ton père
Priant le ciel de te bénir !

De nouveaux attraits embellie,
Fuis, surtout, le vil séducteur
S'il t'offrait son or corrupteur
En te voyant pauvre et jolie !
Ah ! rappelle à ton souvenir
    Les larmes de ta mère,
Les touchans adieux de ton père
Priant le ciel de te bénir !

Mise en musique par A. Panseron.

JE NE SUIS PAS JALOUSE.

Depuis qu'un regard amoureux
A porté le trouble en mon ame
Je frissonne lorsque tes yeux
S'arrêtent sur ceux d'une femme.
Si j'ose te dire en ce jour,
« Ne regarde que ton amie ! »
Non, ce n'est pas par jalousie ;
    Mais par amour.

Laisse tous ces dons séduisans,
En as-tu besoin pour me plaire?
L'esprit et les soins complaisans
Flattent trop la beauté légère.
Si j'ose te dire en ce jour,
« Ne charme plus que ton amie ! »
Non, ce n'est pas par jalousie,
    Mais par amour.

Ne fais plus entendre ces chants
Qui causent un brûlant délire !
On applaudit à tes accens
Et mon cœur tout bas en soupire.
Si j'ose te dire en ce jour,
« Ne chante que pour ton amie ! »
Non, ce n'est pas par jalousie,
    Mais par amour.

Par la constance auprès de moi
Que ton ame soit enchaînée !
Maintenant je me meurs d'effroi
Quand je suis seule, abandonnée.

Si j'ose te dire en ce jour,
« Ne quitte plus ta tendre amie! »
Non, ce n'est pas par jalousie,
    Mais par amour.

Mise en musique par E. Bruguière.

TOUT SE TAIT, PLUS DE BRUIT.

Comme le rossignol
Qui sous l'épais feuillage
Le soir fixe son vol
Pour charmer le bocage,
Confions à la nuit
Nos tendres mélodies!
Sur ces rives fleuries
Tout se tait, plus de bruit.

Il emprunte aux échos
Le doux chant qui l'inspire,
Au murmure des flots,
Au roseau qui soupire.
Confions à la nuit
Nos tendres mélodies !
Sur ces rives fleuries
Tout se tait, plus de bruit.

Ses sons mystérieux,
Comme de saints cantiques,
Semblent porter aux cieux
Leurs notes angéliques.
Confions à la nuit
Nos tendres mélodies !
Sur ces rives fleuries
Tout se tait, plus de bruit.

S'échappant de nos cœurs,
Nos voix ont moins de charmes ;
Où naissent les douleurs
Coulent toujours des larmes.

Confions à la nuit
Nos tendres mélodies !
Sur ces rives fleuries
Tout se tait, plus de bruit.

Mise en musique par A. Panseron.

LA JUIVE.

Chrétien, se disant juif, cachant qu'une autre femme
Avait déjà reçu ses sermens et sa foi,
Léopold, en feignant de partager ma flamme,
    Devint, hélas! maître de moi!...

    Que le coupable vive!
    Plaignez, plaignez mon sort!
    Rachel, la pauvre juive,
    Ira seule à la mort.

Long-temps environné du plus profond mystère,
Il me taisait son nom, et surtout son haut rang ;
Pour lui j'abandonnai mon asile et mon père ;
    Pour lui j'aurais donné mon sang !

    Que le coupable vive !
    Plaignez, plaignez mon sort !
    Rachel, la pauvre juive,
    Ira seule à la mort.

Lorsque j'eus découvert qu'il avait une épouse,
Arrachant le collier qu'elle lui vint offrir,
Je dénonçai le traître... O fureur trop jalouse,
    La loi nous condamne à mourir !

    Que le coupable vive !
    Plaignez, plaignez mon sort !
    Rachel, la pauvre juive,
    Ira seule à la mort.

Mon silence pourrait anéantir sa vie...
Mais, non, je l'aime encor... Le supplice est affreux !

Un mot peut le sauver... Triomphez, Eudoxie !
Je vais rétracter mes aveux...

 Que le coupable vive !
 Plaignez, plaignez mon sort !
 Rachel, la pauvre juive,
 Ira seule à la mort.

Mise en musique par A. Panseron.

AMOUR DE LA NATURE.

Prête, discret rayon
De la lune argentée,
A notre ame enchantée
Ta douce illusion !
Amour de la nature,
Règne dans notre cœur ;
Oui, ta flamme si pure
Nous promet le bonheur.

Le silence des cieux,
Les onduleux nuages,
Leurs mobiles images
Enchantent tous les yeux.
Amour de la nature,
Règne dans notre cœur!
Oui, ta flamme si pure
Nous promet le bonheur.

Douce comme l'espoir
Pour la mélancolie;
Ah! qu'une mélodie
A de charme le soir!
Amour de la nature,
Règne dans notre cœur!
Oui, ta flamme si pure
Nous promet le bonheur.

Mise en musique par A. Panseron.

LA PRIÈRE DE L'ORPHELINE.

J'entends dans nos montagnes
Le son du chalumeau,
Et déjà mes compagnes
S'assemblent sous l'ormeau.
Auprès de ma chaumière
Seule je vais errer;
Las! qui n'a plus de mère
Ne songe qu'à pleurer.

Le chagrin, dès l'enfance,
M'environna toujours ;
Mon père loin de France
A terminé ses jours.
Auprès de ma chaumière
Seule je vais errer ;
Car sans lui, sans ma mère,
Je n'ai plus qu'à pleurer.

Vainement à la ville
Jeune et riche seigneur
En m'offrant un asile
Me promet le bonheur.
Auprès de ma chaumière
J'aime bien mieux errer :
Là repose ma mère,
Et là je veux pleurer.

Je ne trouve de guides
Que dans mon souvenir.
Des cieux où tu résides
Daigne encor me bénir !

Auprès de ma chaumière
Où tu me vois errer,
Veille sur moi, ma mère,
Toi que j'aime à pleurer.

Mise en musique par A. Panseron, et par Théophile Bayle.

L'ABANDON.

Une sombre mélancolie
Jeune encor vient me consumer ;
Quoi ! se peut-il qu'Alfred m'oublie,
Lui qui m'apprit à tant l'aimer !
Déjà mon ame désolée
Accuse ce volage époux ;
Sans lui, je languis isolée...
Alfred, pourquoi me fuyez-vous ?

On me l'a dit : Une coquette,
Étalant ses charmes d'un jour,
Brigue en secret votre conquête,
Plus par orgueil que par amour ;
Pour elle vous allez connaître
Les tourmens, les soupçons jaloux ;
Vous reviendrez à moi... peut-être...
Alfred, pourquoi me fuyez-vous ?

Pour vous seul j'orne ma parure
De ces fleurs que vous chérissez,
Partout on vante ma figure ;
Cependant vous me délaissez.
Distrait, boudeur en ma présence,
Où sont nos entretiens si doux ?
Près de moi vous rêvez l'absence...
Alfred, pourquoi me fuyez-vous ?

Si j'observe, triste et pensive,
Le flot fougueux qui cherche à fuir,
Plus calme et plus pur, vers sa rive
Toujours je le vois revenir ;

ROMANCES. 173

A cette image, je soupire,
Et sens expirer mon courroux;
Ah! quand n'aurai-je plus à dire :
Alfred, pourquoi me fuyez-vous?

Mise en musique par Sudre, auteur de *la Téléphonie*.

AUPRÈS DE VOUS.

Auprès de vous,
Dans ce champêtre asile,
Tout me sourit, et tout plaît à mon cœur.
Les verts gazons, l'onde pure et tranquille
Viennent offrir l'image du bonheur
Auprès de vous.

Auprès de vous
La nature est plus belle,
Et je sens mieux le doux parfum des fleurs.
L'écho du soir, les chants de Philomèle
Troublent mes sens et font couler mes pleurs
Auprès de vous.

Auprès de vous
Que mon ame est ravie !
Le jour qui fuit semble le plus beau jour.
Puissé-je ici passer toute ma vie !
Ces lieux charmans inspirent tant d'amour
Auprès de vous.

Mise en musique par A. Panseron.

LA FIANCÉE.

Quel effroi vient glacer mon cœur
Au milieu de tant d'allégresse !
Pourquoi cette sombre tristesse
Quand tout respire le bonheur ?
L'hymen, parfois si plein de charmes,
M'attend sous un toit étranger ;
Hélas ! avant de m'engager,
Sans crainte encor, coulez, mes larmes !

Demain, de diamans, de fleurs,
Je dois laisser charger ma tête;
N'a-t-on pas payé ma conquête
Par mille présens séducteurs?
Demain, on vantera mes charmes,
Et, malgré mes secrets ennuis,
Je répondrai par un souris...
Sans crainte encor, coulez, mes larmes!

A peine ai-je vu le printemps
Seize fois colorer la rose,
Tandis que l'époux qu'on m'impose
Est courbé sous le poids des ans!
Ah! combien j'éprouvai d'alarmes,
Lorsque pressant ma main, un jour,
Il osa me parler d'amour...
Sans crainte encor, coulez, mes larmes!

Qu'un autre hymen m'eût été doux!
Que j'eusse, à ses riches offrandes,
Préféré de simples guirlandes,
Dons précieux d'un jeune époux!

Mais ces pensers ont trop de charmes;
Éloignons-en le souvenir!
Demain, il faudra les bannir...
Sans crainte encor, coulez, mes larmes!

Mise en musique par A. Panseron.

LE RETOUR AU PAYS.

Salut, ô monts de l'Helvétie !
Rien n'a pu retenir mes pas ;
J'ai fui les camps et les combats,
Pour te revoir, ô ma patrie !
   Allons, plus de regrets !
   Rejoignons nos châlets !
   Pour embrasser ma mère
   Je quitte ma bannière...

Mais quels sons ravissans !...
Je reconnais ces chants...
De mon enfance,
Oui, ce sont là les airs chéris...
Adieu, la France !
Le vrai bonheur n'est qu'au pays !

Adieu donc beautés infidèles,
Vous dont le charme séducteur
Put m'éblouir, sans que mon cœur
Vous jurât amours éternelles !
Sans éclat, sans apprêts,
Dans nos humbles châlets,
Une simple bergère
Saura bien mieux me plaire...

Mais quels sons ravissans !...
Je reconnais ces chants...
De mon enfance,
Oui, ce sont là les airs chéris...
Adieu, la France !
Le vrai bonheur n'est qu'au pays !

Loin des lieux chers à la victoire,
Où les beaux-arts fixent leur cour,
Il faut renoncer sans retour
Aux rêves brillans de la gloire.
 Souvenirs pleins d'attraits,
 Pourquoi dans mes châlets
 Votre douce chimère
 Vient-elle me distraire?...

Mais quels sons ravissans!...
Je reconnais ces chants...
 De mon enfance,
Oui, ce sont là les airs chéris;
 Adieu, la France!
Le vrai bonheur n'est qu'au pays!

Mise en musique par E. Bruguière.

ROSELINE.

« Pourquoi seulette, ô jeune fille !
Errer le soir dans la forêt ?
Dans tes regards le plaisir brille ;
Mais ton cœur me cache un secret.
Crains une faveur passagère,
Il en est temps, éloigne-toi !
Il vaut bien mieux rester simple bergère
Que devenir la maîtresse d'un roi. »

Ainsi parlait, sans la connaître,
A Roseline, un bon vieillard;
Il avait vu le roi son maître,
Qui l'attendait seul à l'écart.
Mais au monde encore étrangère,
La pauvre enfant, de bonne foi,
Pense qu'on peut rester simple bergère,
Et devenir la maîtresse d'un roi.

La raison se sert d'un langage
Que n'écoutent pas les amans.
Roseline était à cet âge
Où l'on ne croit qu'aux doux sermens;
Elle rejoint, vive et légère,
Celui qui cause son émoi;
Pour son malheur cette simple bergère
Se vit bientôt la maîtresse d'un roi.

Tous les plaisirs de l'opulence
Charment Roseline à la cour;
Mais du monarque l'inconstance
Lui fait chercher un autre amour.

Est-ce une lettre mensongère ?
Pour elle... un ordre de renvoi !...
Mieux eût valu rester simple bergère
Que devenir la maîtresse d'un roi.

Mise en musique par l'auteur des paroles.

ÉCHO DES BOIS.

Écho des bois,
Près du lac où je veille,
Viens charmer mon oreille
Attentive à ta voix !
Redis, redis encore
Mon chant simple et sonore,
Écho des bois !

Écho des bois,
Le flot dort au rivage ;
Des oiseaux du bocage

On n'entend plus la voix;
Dans les airs, cadencées,
Porte au loin mes pensées,
 Écho des bois!

Écho des bois,
La lune radieuse,
Calme et silencieuse,
Semble écouter ta voix;
O quel charme s'allie
A ta mélancolie,
 Écho des bois!

Écho des bois,
Si je n'ose te dire
Le doux nom qui m'inspire,
C'est que je crains ta voix;
Ce nom est un mystère;
Tu ne saurais le taire,
 Écho des bois!

Mise en musique par A. Panseron.

AVANT LE DUEL.

Partons, ami ! déjà l'aurore
A rougi la cime des monts ;
Je brûle plus qu'hier encore
D'effacer de cruels affronts.
Mais ce duel est un mystère
Que j'ai dû cacher dans mon cœur...
Un baiser à mon fils ! un baiser pour sa mère !
Et courons venger mon honneur !

Tiens, prends, ami, voici mes armes !
Je suis tes pas au rendez-vous.
Je ne veux pas causer d'alarmes,
Tout dort en paix autour de nous.
Adieu donc, toi qui m'es si chère,
Et toi mon espoir, mon bonheur !
Un baiser à mon fils ! un baiser pour sa mère !
Et courons venger mon honneur !

Objets chéris, qu'un noir présage
Ne trouble pas votre sommeil !
J'aurai raison de cet outrage
Long-temps avant votre réveil ;
Puisse le ciel m'étant prospère,
Vous conserver un protecteur !
Un baiser à mon fils ! un baiser pour sa mère !
Et courons venger mon honneur !

APRÈS LE DUEL.

Dès le jour, pourquoi donc avoir quitté ces lieux ?
Réponds-moi, cher époux, toi que mon cœur adore !
Tu me parais souffrir... tu détournes les yeux...
Voudrais-tu me cacher un malheur que j'ignore ?...

  Fais cesser mon effroi !
  Rassure ton amie !
  Je t'ai donné ma vie,
  Et la tienne est à moi !

Ah! que vois-je? grand Dieu! du sang rougit ma main!
C'est de ton sein qu'il coule! O cruelle pensée!...
Comment, il se pourrait! j'en frémis... ce matin,
Pour un duel fatal, quoi! tu m'aurais laissée!

   Fais cesser mon effroi!
   Rassure ton amie!
   Je t'ai donné ma vie,
   Et la tienne est à moi!

A mes cris accourez! venez le secourir!
Vous, surtout, son ami... voyez comme il chancelle!
De sa blessure, hélas! le verrons-nous périr?...
Mais, non, vous avez dit qu'elle n'est pas mortelle!...

   Dissipez mon effroi!
   Rassurez son amie!
   Je lui donnai ma vie,
   Et la sienne est à moi!

Régneras-tu toujours, barbare préjugé,
Vain et faux point d'honneur, détestable chimère?

D'un déplorable affront se prétendre vengé
Parce qu'on a frappé l'époux, l'enfant, la mère !

> Dissipez mon effroi !
> Rassurez son amie !
> Je lui donnai ma vie,
> Et la sienne est à moi !

LA FILLE DU PÊCHEUR.

O ciel ! j'entends gronder l'orage ;
Dieu soit en aide aux matelots !
Mais que vois-je... Loin de la plage,
Mon père à la merci des flots !...
Ah ! prends pitié de sa misère,
Vierge sainte, vierge d'amour !
Pour seul appui je n'ai qu'un père,
Daigne protéger son retour !

Souviens-toi, divine Marie,
Qu'à ton culte ma mère en pleurs
M'a vouée, en quittant la vie,
Ainsi qu'à tes blanches couleurs !
Ah ! prends pitié de sa misère,
Vierge sainte, vierge d'amour !
Pour seul appui, je n'ai qu'un père,
Daigne protéger son retour !

Déjà les vagues en furie
De sa barque frappent le bord ;
Il veut fuir la côte ennemie
Pour rentrer plus tard dans le port.
Ah ! prends pitié de sa misère,
Vierge sainte, vierge d'amour !
Pour seul appui je n'ai qu'un père,
Daigne protéger son retour !

La nuit s'étend sur l'onde amère,
L'œil cherche en vain le nautonier ;
Toujours la pauvre fille espère,
Elle ne cesse de prier.

Ah! prends pitié de sa misère,
Vierge sainte, vierge d'amour!
Pour seul appui je n'ai qu'un père,
Daigne protéger son retour!

Plus calme enfin le jour commence,
La mer se teint de pourpre et d'or;
Sans crainte le pêcheur s'avance
Quand sa fille disait encor :
Ah! prends pitié de sa misère,
Vierge sainte, vierge d'amour !
Pour seul appui je n'ai qu'un père,
Daigne protéger son retour !

Mise en musique par J. Arnaud, et par l'auteur des paroles.

CATARINA[1].

O cher amant! ô toi que j'aime!
Toi dont je possède le cœur,
Tu ne sais pas que ce soir même
Pour nous il n'est plus de bonheur!
Tu ne sais pas que ton amie
Touche au dernier jour de sa vie
De moi conserve un souvenir!
Je t'ai revu, je puis mourir!

[1] Sujet tiré du drame d'*Angelo*, par Victor Hugo.

Un sbire affreux, caché dans l'ombre,
Nous perd et me livre au courroux
Du podesta cruel et sombre
Qui malgré moi fut mon époux.
Mais va, je suis heureuse encore,
Rodolfo, ton nom, il l'ignore...
De moi conserve un souvenir!
Je t'ai revu, je puis mourir!

Je n'ai voulu qu'ici t'instruire
De ce fatal arrêt de mort;
Car ton bras n'aurait pu produire
Pour me sauver qu'un vain effort.
Du moins j'ai la douce espérance
D'écarter de toi la vengeance;
De moi conserve un souvenir!
Je t'ai revu, je puis mourir!

CELLE QUE CHERCHE MON CŒUR.

Je rêve souvent une femme
Qui par ses regards languissans
De volupté remplit mon ame
Et porte le trouble en mes sens;
Par son image mensongère
Séduit, je bénis mon erreur;
Mais où rencontrer sur la terre
   Celle que cherche mon cœur?

Non, rien n'égale mon ivresse,
En admirant tant de beauté,
D'attraits, de grâce enchanteresse,
Et surtout cet air de bonté !
Pourquoi n'est-ce qu'une chimère,
Fruit d'un délire créateur ?
Ne puis-je trouver sur la terre
  Celle que cherche mon cœur ?

Quand je crois la voir, je soupire,
Saisi par le plus tendre émoi ;
Sa bouche alors semble sourire
Et son sein s'agiter pour moi.
Douce sylphide, heureux mystère,
Me présagez-vous le bonheur ?
Et dois-je trouver sur la terre
  Celle que cherche mon cœur ?

Ah ! si dans le cours de ma vie
Se montrait cet être incertain,
Puisse une tendre sympathie
Près de lui fixer mon destin !

Amour, exauce ma prière !
Par ton pouvoir toujours vainqueur
Fais-moi rencontrer sur la terre
Celle que cherche mon cœur !

Mise en musique par Amédée de Beauplan.

SOUVENIRS DE LA STYRIE.

Charmant pays de la Styrie,
Bords de la Save, ô ma patrie,
Venez à mon ame attendrie
Rappeler vos doux chants d'amour !

C'est là surtout que la nature.
Nous éblouit de sa parure ;
Souvent, en secret, je murmure
D'avoir quitté ce beau séjour.

Lieux si chéris de mon enfance,
Toujours vers vous mon cœur s'élance ;
Quand finira ma longue absence ?
Pourrai-je vous revoir un jour ?

Charmant pays de la Styrie,
Bords de la Save, ô ma patrie,
Venez à mon ame attendrie
Rappeler vos doux chants d'amour !

Sur vos nacelles étrangères
Qui mieux que vous, jeunes bergères,
Par des chansons tendres, légères,
Sauraient me plaire et me charmer !
Joyeux refrain, vives cadences
Qui m'animaient tant à vos danses,
Ah ! rendez-moi mes espérances,
Rendez-moi le bonheur d'aimer !

Je ne verrai finir ma peine
Qu'en te joignant, rive lointaine ;
Mon cœur vers toi déjà m'entraîne
Et je ne rêve que retour.

Charmant pays de la Styrie,
Bords de la Save, ô ma patrie,
Venez à mon ame attendrie
Rappeler vos doux chants d'amour!

Mise en musique par **A. Panseron.**

L'ORPHELIN.

« Je ne possède sur la terre
Que cette croix et ce ruban;
Hélas! en mourant, mon vieux père
Me dit : Garde ce talisman!
O bons passans que j'intercède,
Ce signe de l'honneur en main,
Au nom du ciel, soyez en aide
Au pauvre petit orphelin!

« Mon sang sera pour la patrie,
Sitôt que j'aurai pu grandir;
Mon père lui voua sa vie,
Comme lui, je veux la servir.
O bons passans que j'intercède,
Ce signe de l'honneur en main,
Au nom du ciel, soyez en aide
Au pauvre petit orphelin ! »

Si noble et si tendre prière
D'un étranger touche le cœur;
Des larmes mouillent sa paupière,
Et l'enfant trouve un bienfaiteur.
— « O toi dont la voix m'intercède,
Ce signe de l'honneur en main,
Au nom du ciel, je suis en aide
Au pauvre petit orphelin. »

L'orphelin grandit avec l'âge,
Il acquiert vertus et talens;
Et déjà son jeune courage
Le conduit au milieu des camps.

À sa valeur l'ennemi cède;
Une croix brille sur son sein :
Le ciel toujours se montre en aide
Au pauvre petit orphelin.

Mise en musique par A. Panseron.

TISBÉ. [1]

Par Rodolfo je suis trahie !
Lui, mon amour ! oh ! lui, ma vie !...
Mais je puis sous mon pié
Écraser ma rivale ;
D'où naît cette pitié
Qui peut m'être fatale ?....
Ce crucifix
M'a tout appris ;
Aussi je le révère ;
Celle qui le possède un jour sauva ma mère.

[1] Sujet tiré du drame d'*Angelo,* par Victor Hugo.

Oui ! c'est bien là la croix sacrée
Qu'elle eut de ma mère adorée
   Quand d'une affreuse mort
    Ses pleurs l'ont su défendre ;
   O quel funeste sort
    D'avoir su tout comprendre !
      Ce crucifix
       M'a tout appris ;
    Aussi je le révère ;
Celle qui le possède un jour sauva ma mère.

   O désespoir ! fureur jalouse !
Perfide amant ! coupable épouse !...
    Le traître est caché là...
    J'en puis tirer vengeance...
    D'un mot au podesta...
    Qu'ai-je dit... non !... silence !
      Ce crucifix
       M'a tout appris ;
    Aussi je le révère ;
Celle qui le possède un jour sauva ma mère.

Devoir, amour, reconnaissance,
Que vous me causez de souffrance!...
  Faut-il donc la servir
  Celle qui prend mon ame?
  C'est à moi de mourir...
  On méprise ma flamme!
    Ce crucifix
    M'a tout appris;
  Aussi je le révère;
Celle qui le possède un jour sauva ma mère.

Qu'une boucle de tes cheveux
De ton amour me soit le gage!

LE GAGE

Pour calmer la tristesse
Que tu tiendras....
Dans ce moment d'adieux
O ma jeune maîtresse,

LE GAGE.

Pour calmer la tristesse
Que tu lis dans mes yeux,
Dans ce moment d'adieux
O ma jeune maîtresse,
Qu'une boucle de tes cheveux
De ton amour me soit le gage!...
Reverrai-je, hélas! le village
Où près de toi j'étais heureux?

Pour servir la patrie
Le sort m'a fait soldat;
Dans le premier combat
Je puis perdre la vie.
Qu'une boucle de tes cheveux
De ton amour me soit le gage!...
Reverrai-je, hélas! le village
Où près de toi j'étais heureux?

O faveur sans seconde!
Tu me cèdes enfin;
Et je vois sous ma main
Tomber ta boucle blonde!
Cette boucle de tes cheveux
Du bonheur m'est un sûr présage...
Je le reverrai le village
Où près de toi je suis heureux.

Mise en musique par A. Panseron.

QUE N'A-T-IL VOULU M'ENTENDRE !

Cédant aux sentimens jaloux
Qu'ont fait naître la calomnie,
O mon Arthur, dans ton courroux,
Tu m'accusas de perfidie !
Je ne vivais que pour t'aimer ;
Les pleurs que tu m'as vu répandre
N'ont même pu te désarmer ;
Tu me repoussas sans m'entendre !

Blessé d'un odieux soupçon,
Tu me fuis, et ta blanche voile
Déjà s'efface à l'horizon;
Quel sombre avenir se dévoile!
Que je te plains!... Tu dois souffrir,
Car ton amour était si tendre...
Croire que j'ai pu te trahir,
Et n'avoir pas voulu m'entendre!

Hélas! je prévois mon destin,
Toute espérance m'est ravie;
De ton abandon inhumain,
Je le sens, dépendra ma vie.
Trop tard, si tu reviens un jour
En ces lieux pleurer sur ma cendre,
Tu sauras, d'après mon amour,
Que tu devais au moins m'entendre!

MALHEUR A QUI POURRA T'AIMER.

Toi, qui ne chérissant que les lointains rivages,
A peine de retour, rêves d'autres voyages,
Tout aux soins du départ, tu souris à ton bord,
Paré de ses agrès, prêt à quitter le port.

  Va semer par ton doux langage
  Des espérances de bonheur !
  Les regrets suivront ton passage ;
  Pour toi gémira plus d'un cœur.

Tu veux recommencer tes courses vagabondes,
Tu veux fuir ces beaux lieux et leurs limpides ondes;
S'il est vrai que jamais tu n'y parlas d'amour,
Ta funeste amitié m'abusait chaque jour.

>Va semer par ton doux langage
>Des espérances de bonheur!
>Les regrets suivront ton passage;
>Pour toi gémira plus d'un cœur.

Ah! qu'il m'est réservé de cuisantes alarmes!
Que de longs souvenirs feront couler mes larmes!
Qu'il faudrait de raison et qu'il faudrait de temps
Pour pouvoir t'oublier, pour calmer mes tourmens!

>Va semer par ton doux langage
>Des espérances de bonheur!
>Les regrets suivront ton passage;
>Pour toi gémira plus d'un cœur.

Je ne te maudis pas... que le ciel te protége...
Dans les brûlans déserts, sous les zones de neige!
Sans vouloir t'enchaîner, lorsque tu sais charmer,
Combien je plains, hélas! le cœur qui peut t'aimer!

Va semer par ton doux langage
Des espérances de bonheur !
Les regrets suivront ton passage ;
Pour toi gémira plus d'un cœur.

Mise en musique par E. Bruguière.

LA COMMUNIANTE.

« Cette sainte allégresse,
Ces nuages d'encens,
Cette pieuse ivresse,
Pénètrent tous mes sens.
O compagnes si chères !
Au pied de cette croix
Quand j'élève ma voix,
Répétez mes prières !
Rappelez-vous toujours
Un de nos plus beaux jours !

« Humblement prosternée,
Je jure, en ce saint lieu,
D'être à vous enchaînée,
O Seigneur, ô mon Dieu !
L'ame pure et sans tache
Comme ces voiles blancs,
Recevez mes sermens !
A vous seul je m'attache ;
Rappelez-moi toujours
Un de mes plus beaux jours !

Sans cesse de mon ame
Conservez la candeur
Et qu'une impure flamme
Ne souille point mon cœur !
Dans le cours de ma vie,
S'il naît quelque danger,
Daignez me protéger !
En vous je me confie ;
Rappelez-moi toujours
Le plus beau de mes jours !

On dit que sur la terre
Il est bien des douleurs;
Que la vie est amère,
Qu'on y verse des pleurs.
Pour m'éviter la peine,
Qui naît à chaque pas,
Que par vous, ici-bas,
Le mal me soit en haine !
Rappelez-moi toujours
Un de mes plus beaux jours !

Mise en musique par Mme Pauline Duchambge.

UN CŒUR PUR DOIT N'AIMER QU'UNE FOIS.

Non, tu ne peux, Ermance, en abusant ma flamme,
A d'autres sentimens abandonner ton ame ;
Brisant les nœuds sacrés que nous devons chérir,
Non, tu n'as pas encore appris l'art de trahir !
      D'une erreur passagère
      Crains d'écouter la voix !
      Un cœur pur et sincère
      Doit n'aimer qu'une fois.

Pourrais-tu t'abaisser jusques à l'artifice,
Et rompre tes sermens pour un léger caprice?
A tes doux souvenirs, ah! rappelle ce jour
Où tu me fis l'aveu de ton premier amour!

   D'une erreur passagère
   Crains d'écouter la voix!
   Un cœur pur et sincère
   Doit n'aimer qu'une fois.

Au bal brillant d'hier, de plaisir enivrée,
Du plus frivole essaim je te vis entourée;
Sans cesse sur tes pas, se disant mon ami,
Un flatteur t'adulait... Malgré moi j'ai frémi!

   D'une erreur passagère
   Crains d'écouter la voix!
   Un cœur pur et sincère
   Doit n'aimer qu'une fois.

Dans de nouveaux liens qui croit trouver des charmes
N'en retire souvent que des mépris, des larmes.
Je t'ai fait, chère Ermance, entrevoir le danger,
En regrets notre amour ne doit pas se changer.

D'une erreur passagère
Crains d'écouter la voix !
Un cœur pur et sincère
Doit n'aimer qu'une fois.

Mise en musique par A. Panseron.

LA CITADINE ET LA FILLE DU TYROL.

LA CITADINE.

Abandonnez, ma chère,
Vos monts pour nos cités !
Là, tout vient satisfaire
Nos regards enchantés.

Là seulement nous trouvons sur la terre
Un paradis et mille voluptés !...

ROMANCES.

LA FILLE DU TYROL.

Rien ne vaut nos montagnes,
Le ciel que je chéris,
L'amour de mes compagnes,
Les chants de mon pays.
Du Tyrol les ravines,
Mes troupeaux, une fleur,
Et l'écho des collines
Suffisent à mon cœur.

LA CITADINE.

Ce séjour trop tranquille
Ne peut fixer mes pas ;
Dans cet obscur asile
Non, le bonheur n'est pas.

J'aime bien mieux les plaisirs de la ville
Et ses attraits et son brillant fracas.

Quittez et vos montagnes
Et vos vallons chéris !
Laissez-là vos compagnes
Et venez à Paris !

LA FILLE DU TYROL.

Ce séjour si tranquille
A su fixer mes pas ;
Loin de cet humble asile,
Non, le bonheur n'est pas.
On méprise à la ville
De modestes appas ;
Du monde je m'exile,
Je crains trop son fracas.

Rien ne vaut nos montagnes,
Le ciel que je chéris ;
L'amour de mes compagnes,
Les chants de mon pays.

Mise en musique par A. Panseron.

CHANSONNETTES.

LA CROIX D'OR.

Minois piquant, gentil corsage,
Pied mignon, regard plein d'attrait,
Fraîche comme on l'est au jeune âge,
De Lise voilà le portrait ;
Cherchant à plaire, elle regrette
De n'avoir pas quelque trésor ;
Et depuis long-temps la pauvrette
Soupire après une croix d'or.

C'était la fête du village ;
Comme à Lise tout semblait beau !
Quand d'elle épris, un malin page
La voit passer près du château ;
Il la suit, entend l'indiscrète
Dire en rêvant à son trésor :
Oui, je donnerais tout, pauvrette,
Tout, pour avoir une croix d'or !

Lise regagnait sa chaumière,
Le page s'était arrêté ;
Il la rejoint vers la clairière,
Et lui dit, d'amour transporté :
« Prends, pour orner ta collerette,
« Ce bijou... Mais, pour ce trésor,
« Qu'un baiser... » — « Non, dit la pauvrette,
« A ce prix, jamais de croix d'or ! »

Mais, par hasard, la châtelaine,
Passant par là, les entendit ;
De Lise c'était la marraine.
« Fuis, dit-elle, page maudit !

« Respecte cette bergerette
« Dont l'honneur est le seul trésor !...
« Toi, de ma main reçois, pauvrette,
« Pour ta vertu, cette croix d'or. »

Mise en musique par A. Panseron.

LA QUARANTAINE.

Au retour d'un lointain voyage,
Un matelot, jeune et constant,
Les yeux fixés sur le rivage,
Disait, un jour, en soupirant :
« Quoi ! si près de Germaine,
Je me plains de mon sort !
Maudite soit la quarantaine
Qui me retient à bord !

« Je vois là-bas, dans la prairie,
Les filles du hameau voisin
Fouler aux pieds l'herbe fleurie
Aux sons joyeux du tambourin ;
 Loin d'elles, ma Germaine
 S'attriste sur mon sort.
Maudite soit la quarantaine
 Qui me retient à bord !

« Mais aussi quelle douce ivresse
Doit succéder à mes tourmens !
Je vais retrouver ma maîtresse
Fidèle aux plus tendres sermens !
 Oui, bientôt, ma Germaine,
 Je bénirai mon sort ;
Notre maudite quarantaine
 Demain finit à bord. »

On brise enfin son esclavage ;
Il peut voler à ses amours ;
Mais qu'apprend-il ?... Un mariage
Est célébré depuis deux jours !

« Eh! qu'as-tu fait, Germaine? »

— « Vous n'étiez donc pas mort?... »

— « Maudite soit la quarantaine

« Qui m'enchaînait à bord! »

Mise en musique par E. Bruguière.

FIEZ-VOUS AU LENDEMAIN.

C'est fête demain au village,
On le devine à ces apprêts ;
Chaque garçon fait des bouquets,
Chaque fille orne son corsage.
Tout est joyeux ; le temps est sûr,
L'air est frais et le ciel est pur :
    Oui, la prochaine aurore
    Sera plus belle encore.
Chacun s'endort, murmurant ce refrain :
    Ah ! quel plaisir pour demain !

Eh! quoi! seule, dans sa chaumière,
Colette ne sommeille pas!
Peut-elle, en songeant à Lucas,
Fermer son humide paupière?
Lucas, déjà si complaisant,
Demain sera tendre et galant.
    Oui, Colette à la danse
    Aura la préférence;
Elle s'endort, murmurant ce refrain :
Ah! quel plaisir pour demain!

Le jour paraît sur la montagne;
Mais il doit être désastreux;
Bientôt mugit un vent affreux,
L'orage inonde la campagne.
La nuit vient sans que le hautbois
Ait rassemblé les villageois.
    Las! Collette soupire,
    Et tout bas semble dire :
Fiez-vous donc à ce maudit refrain :
Ah! quel plaisir pour demain!

Mise en musique par E. Bruguière.

L'AMANT SUR LES TOITS.

« Monsieur Léon, y songez-vous ?
Moi, vous ouvrir ! ah ! je frissonne !...
Vous m'en priez à deux genoux !
Mais jamais je n'ouvre à personne. »
Voyez par quel adroit détour,
Évitant l'œil de ma portière,
Il vient m'exprimer son amour,
Tout comme un chat, sur la gouttière.

Grand Dieu! j'entends glisser son pied,
S'il allait... Je suis toute émue...
Retirez-vous! ah! par pitié,
N'allez pas tomber dans la rue!...
Pour être à l'abri du danger,
Sans trop compter sur ma portière,
Ah! j'aurais bien dû me loger
Un peu plus bas que la gouttière.

Ciel! je frémis, car de sa mort .
On pourrait m'accuser peut-être ;
Tout en sachant que j'ai grand tort,
Par prudence, ouvrons ma fenêtre!
Il faut éviter le cancan
Que sur moi ferait la portière
En apercevant un amant
Tomber du haut de ma gouttière.

MIEUX VAUT TENIR QUE D'ESPÉRER.

« Depuis qu'en ce village
Un riche châtelain
A fille belle et sage
Fit l'offre de sa main,
Je me flattais, alors, simplette,
Qu'un jour aussi j'aurais l'honneur
D'être la femme d'un seigneur !
Ah ! trop long-temps, pauvre Nicette,
Ce rêve me fit soupirer :
Mieux vaut tenir que d'espérer.

L'an dernier, à la danse,
Le beau fermier Germain
Me vantait sa constance
Et me parlait d'hymen.
Au moins, me disais-je, seulette,
Soyons fermière : espoir trompeur !
Lise, à ma place, eut ce bonheur.
Ah ! trop long-temps, pauvre Nicette,
Un tel choix me fit soupirer :
Mieux vaut tenir que d'espérer.

Laissons d'autres bergères
Vaines de leurs attraits
Caresser des chimères
Que suivent les regrets !
Beaucoup plus sage et moins coquette,
Quoique je sache qu'il n'a rien,
Acceptons le berger Bastien !
Ah ! trop long-temps, pauvre Nicette,
Après l'hymen c'est soupirer :
Mieux vaut tenir que d'espérer.

LA DISEUSE DE BONNE AVENTURE.

« Accourez, toutes, bachelettes,
Vous qui souffrez du mal d'amour !
Présentez-moi vos mains blanchettes ! »
Disait la vieille Berthe, un jour.
« Saurai, gentilles pastourelles,
    Si vos amans
    Sont inconstans
Et ne font point à d'autres belles
    D'autres sermens.

« Accourez ! pourrai vous instruire
Si jeune, riche et beau seigneur,
Qui pour une de vous soupire,
Bientôt doit faire son bonheur. »
A ces mots naïve Colette
  Et rougissait,
  Et soupirait,
Guettant le moment où, seulette,
  Elle oserait.

Hasardant un regard timide,
Elle s'avance, ouvre sa main ;
Contre elle la vieille perfide
Avait conçu méchant dessein.
« O ciel ! quel brillant avantage !
  Sur mon honneur,
  Notre seigneur
Vous offre son bien en partage
  Avec son cœur. »

Séduite par cette promesse,
Colette s'en allait rêvant

Plus au seigneur qu'à la richesse;
Elle avait pour lui doux penchant.
Le traître, voulant la surprendre,
 L'attendait là;
 Il lui parla;
Colette ne put s'en défendre,
 Et l'écouta.

Depuis cet instant, la pauvrette
Gémit et la nuit et le jour;
L'ingrat, pour une autre amourette,
A fui Colette sans retour.
Simples fillettes du village,
 Craignez seigneur,
 Devin trompeur!
Ah! trop souvent leur faux langage
 Cause malheur.

Mise en musique par A. Romagnesi.

LE CARNET DE BAL.[1]

Qui n'admire la prévoyance
Du sexe, jusque dans un bal !
Craignant à chaque contredanse
Les suites d'un oubli fatal,
Pour éviter toute méprise,
Sur son carnet chaque Beauté
Inscrit et la danse promise
Et le cavalier accepté.

[1] Le carnet a succédé à l'éventail : les dames y inscrivent le nom de leurs danseurs, ou les chargent de ce soin.

Depuis cette mode nouvelle,
    Même l'amour
En faveur auprès d'une belle,
Ne passe plus avant son tour.

Souvent un nom que l'on ignore
Fait place à quelque trait moqueur;
Car, dans un bal, faut-il encore
Désigner quel est son danseur!
Céline écrit : « Quatre et cinquième,
Un brun, un blond aux faux toupets;
Laure dansera la deuxième
Avec un *dandy* sans molets. »
D'après cette mode nouvelle,
    En vain l'amour
En murmurant fait sentinelle,
Il ne peut passer qu'à son tour.

Tel, enchanté de sa tournure,
Médite quelque aveu secret,
Quand sa seule caricature
Figure au carnet si discret.

Plus craintif, un autre, au contraire,
Se plaint de n'être pas heureux,
Quand du carnet le doux mystère
Dépose en faveur de ses vœux.
Soumis à la mode nouvelle,
 Comme à l'amour,
Ces deux amans, près de leur belle,
Sont forcés d'attendre leur tour.

Un soir, au bal, à sa Camille
Paul allait présenter la main;
Il est inscrit pour le quadrille,
Mais un signe est fait... et soudain
Camille obéit, part... Émue,
Le carnet glisse de son sein;
A peine est-elle disparue
Que Paul s'en saisit à dessein;
Et, grâce à la mode nouvelle,
 Grâce à l'amour,
Il va savoir ce que sa belle
Écrivit en notant son tour.

Commettra-t-il l'inconséquence
D'ouvrir le carnet favori?
Oui, dès qu'il n'a trait qu'à la danse...
Il lit : *Paul ou point de mari!*
Ces mots ont enflammé son ame ;
Rien n'enchaînera son ardeur ;
Ma Camille ou jamais de femme!
Est la devise de son cœur.
Cédant à la mode nouvelle,
    Après l'amour,
L'hymen vint auprès de la belle
Timidement prendre son tour.

LA PAIX DU CŒUR.

Lorsque Lubin dans la prairie
Fait entendre son chalumeau,
J'éprouve une secrète envie
D'y mener paître mon troupeau ;
Mais, non, Lubin, courtise Claire...
Je dois le fuir pour mon bonheur ;
C'est le moyen, m'a dit ma mère,
De conserver la paix du cœur.

CHANSONNETTES.

L'autre matin, dans le bocage,
Lubin, ce berger si discret,
De fleurs voulut me faire hommage;
Je dus refuser son bouquet;
Mais le soir, au corset de Claire
Je l'aperçus avec douleur.
Que l'on a de peine, ô ma mère,
A conserver la paix du cœur!

Dimanche encor, Monsieur Lafrance
Nous fit les honneurs du château;
Lubin, pour m'avoir à la danse
Vainement m'ôta son chapeau;
Il fut plus heureux près de Claire.
Soudain j'eus l'air triste et rêveur.
Combien il en coûte, ô ma mère,
Pour conserver la paix du cœur!

Oui, je le sais, dans le village
On dit, et rien n'est plus certain,
Que l'on doit faire un mariage...
Ah! mon Dieu! si c'était Lubin!

Choisirait-il la jeune Claire?
Hélas! quel serait mon malheur,
Si, pour obéir à ma mère,
J'allais perdre la paix du cœur!

Mise en musique par F. Berton fils.

LA PETITE CURIEUSE.

Je puis, du moins, de la fenêtre,
Voir le bal de l'hôtel voisin,
Puisqu'il me faut, pour y paraître,
Attendre encore à l'an prochain.
Observons tout, de ma cachette !
Quels beaux messieurs !... quelle toilette !...
Mais écoutons les sons charmans,
Les doux accords des instrumens !...
   Tra, la, la, la, la, la, etc.
N'aurai-je donc jamais quinze ans ?

D'ici remarquons, en silence,
Le maintien qui sied dans un bal !
Avec grâce chacun s'avance,
S'aborde d'un air amical.
Ma sœur même a le regard tendre ;
Maman, papa semblent s'entendre ;
Voyez donc combien sont puissans
Les doux accords des instrumens !
    Tra, la, la, la, la, la, etc.
N'aurai-je donc jamais quinze ans ?

Une dame sur la banquette
Pose les fleurs de son corset ;
Un jeune danseur, qui les guette,
Les remplace par un bouquet...
Un autre glisse, on en chuchotte,
Dans des gants une papillote...
De tout cela je ne comprends
Que les accords des instrumens.
    Tra, la, la, la, la, la, etc.
N'aurai-je donc jamais quinze ans ?

CHANSONNETTES.

Comme tout brille en cette fête
Et vient frapper mes yeux surpris!
Je crois que je pérdrais la tête
Au milieu de tant de maris.
Si déjà l'on me dit jolie,
Au bal je serais accomplie!
Quel éclat! quels beaux vêtemens!
Quels doux accords des instrumens!
   Tra, la, la, la. la, la, etc.
N'aurai-je donc jamais quinze ans?

Mise en musique par A. Panseron.

UN SOUVENIR DU VILLAGE.

Depuis la fête du village,
Un vague penser me poursuit;
Je rêve les champs, le feuillage,
Et du monde je fuis le bruit :
Serait-ce du charmant Ernance
Un souvenir qui me sourit ?...
Non, c'est le refrain de la danse
Qui revient seul à mon esprit.

Si quelquefois ma voix répète
D'Ernance les chants gracieux,
Des tendres sons de la musette
Je me rappelle encor bien mieux ;
En prononçant le nom d'Ernance,
Je crois que mon cœur s'attendrit?...
Non, c'est le refrain de la danse
Qui revient seul à mon esprit.

Que je regrette cette fête
Même alors qu'un orage affreux
Vint à gronder sur notre tête :
La peur, souvent, fait des heureux.
Tout près de moi, je vis Ernance,
Je ne sais trop ce qu'il me dit...
Car c'est le refrain de la danse
Qui revient seul à mon esprit.

LA TOILETTE NE GATE RIEN.

Sans cesse chacun me répète,
Au point de me faire pleurer,
Qu'on devient laide, si, coquette,
On ne songe qu'à se parer.
Cependant, moi, petite fille,
En secret, je m'aperçois bien,
Que pour le bal quand on s'habille,
La toilette ne gâte rien.

Près de ma sœur, qui se marie,
Oh! quand pourrai-je en faire autant!
Parfois j'entends que l'on s'écrie :
Dieux! comme elle est belle!... Et pourtant
Je la vois tant que le jour dure,
Au miroir, excellent moyen,
Essayer toute sa parure :
La toilette ne gâte rien.

Enfin cette si riche dame
Que souvent je trouve au jardin,
Et qui, là, sans cesse me blâme,
Est toujours pâle le matin ;
Mais, le soir, ô métamorphose,
Quel air riant! quel doux maintien!
Elle est fraîche comme une rose :
La toilette ne gâte rien.

AH! SI MA MÈRE LE SAVAIT.

« Fuyez Lubin ! me dit ma mère,
« N'écoutez pas ses vains discours !
« Malgré sa défense sévère,
« Je te rencontre tous les jours.
« Lubin, va-t'en ! je t'en supplie ! »
— « Lise, pourquoi ? Je suis discret...
« Prends cette rose si jolie. »
— « Ah ! si ma mère le savait ! »

Lubin, pour le prix de sa rose,
Demande à Lise un doux baiser ;
— « Un seul baiser, c'est peu de chose ! »
— « Lubin, je dois le refuser. »
— « Mais si tu veux que je te quitte,
« Donne ! plus tard on nous verrait. »
— « Méchant, alors, prends-le bien vite !...
« Ah ! si ma mère le savait ! »

— « Puisque, par l'ordre de ta mère,
« Tu dois m'éviter sans retour ;
« Permets qu'un seul instant, ma chère,
« Je cause en paix de mon amour !
« Lise, entrons dans ce vert bocage ! »
Et Lise, en tremblant, le suivait !
On entendit sous le feuillage :
Ah ! si ma mère le savait !

Mise en musique par P. Lafont.

LE GUERRIER ET LA NOVICE.

Frappé d'une arme meurtrière,
Un beau guerrier de l'ancien temps
De Luce, simple hospitalière,
Avait reçu les soins touchans.
Teint fleuri, figure enfantine,
Noire prunelle, air de candeur,
Grâces, bonté, voix argentine,
En faut-il plus pour prendre un cœur?

« Vous avez guéri ma blessure, »
Dit le guerrier reconnaissant,
« Mais, près de vous, mon cœur endure
« Un mal, hélas ! bien plus cuisant.
« S'il faut m'éloigner de vos charmes,
« Luce, je mourrai de douleur... »
— « Quoi ! dit-elle, en versant des larmes,
Mourir si jeune ! ah ! quel malheur ! »

Le guerrier n'a plus d'espérance,
L'honneur l'appelle, il va partir !
A Luce il dépeint sa souffrance ;
Elle y répond par un soupir.
Mais le prieur du monastère
Les surprend dans ce triste adieu :
« Luce est, dit le révérend père,
« Novice encore, grâce à Dieu !

« Ma sœur, vous êtes trop sensible
« Envers les guerriers soupirans.
« Du couvent la règle inflexible
« Défend de si doux sentimens. »

— « J'ignorais cet ordre sévère, »
Répond Luce, en baissant les yeux;
« Car, de vous j'appris, au contraire,
« A consoler les malheureux. »

— « Guerrier, reprenez votre lance !
« Volez à de nouveaux combats !
« Pour éprouver votre constance
« Restez trois ans hors nos climats! »
Luce eut trois ans de pénitence.
Le guerrier, fidèle à ses feux,
Après ce temps revint en France,
S'unit à Luce et fut heureux.

Mise en musique par A. Audrade.

LES SERMONS ET LA DANSE.

Quoi! pas encore une bergère!
Disait, un soir, d'un air chagrin,
L'ermite du hameau voisin;
Qui les distrait de la prière?
Mais écoutons... Près du hameau
J'entends les sons du chalumeau...
Les chansonnettes et la danse
Ont donc toujours la préférence
    Sur mes leçons
      Et mes sermons?

Plus d'une fillette à sa mère
Aura dit, quittant ses fuseaux :
Je vais gravir sur les coteaux
Pour prier avec le bon père.
Mais, en passant près du hameau,
Séduite par le chalumeau,
Les chansonnettes et la danse
Alors ont eu la préférence
  Sur mes leçons
  Et mes sermons.

Ma morale n'est pas sévère ;
Je termine chaque entretien,
Disant : Ne faites que le bien !
Fuyez les bergers, le mystère !
Malgré cela, loin du hameau
On court après le chalumeau ;
Les chansonnettes et la danse
Ont encore la préférence
  Sur mes leçons
  Et mes sermons.

Pour m'écouter on est de glace.
Depuis long-temps j'ai découvert
Que je prêchais dans le désert.
Il faut que jeunesse se passe.
Si c'est ainsi, tant qu'au hameau
On entendra le chalumeau,
Les chansonnettes et la danse
Auront toujours la préférence
    Sur les leçons
    Et les sermons.

Mise en musique par E. Bruguière.

UN COUP D'ŒIL AU MIROIR.

Dès son jeune âge, on voit Elmire,
Cédant à de secrets penchans,
Près d'une glace qui l'attire,
Suspendre ses jeux innocens.
Elle sourit à sa toilette,
Et, minaudant, sans le savoir,
Déjà la petite coquette
Donne un coup d'œil à son miroir.

A seize ans déjà l'on admire
Son maintien, ses traits séduisans ;
Près d'elle on s'empresse, on soupire,
On l'enivre d'un doux encens ;
Mais au retour des bals, des fêtes,
Pour mieux connaître son pouvoir,
Elmire, en nombrant ses conquêtes,
Donne un coup d'œil à son miroir.

A trente ans, lorsque l'hyménée
Obtint ses dernières amours,
Sa chaîne, des plus fortunées,
Lui rappelle ses plus beaux jours.
Son bonheur est dans sa famille ;
Là, plaçant son unique espoir,
Elle croit, en parant sa fille,
Se voir encor dans son miroir.

Mise en musique par E. Bruguière.

AU VILLAGE ON DIT VRAI.

N'écoute pas, me dit ma mère,
Tous les propos calomnieux ;
Le monde est si méchant, ma chère,
Ne jugeons que d'après nos yeux !
Cette leçon est juste et sage,
Non, jamais je ne l'oublirai ;
Aussi, dès qu'on jase au village,
Je veux savoir si l'on dit vrai.

J'entends souvent dire aux fillettes :
Monsieur Frontin est un trompeur
Cherchant partout des amourettes ;
J'en doute encor sur mon honneur.
S'il vient ce soir à ma chaumière,
Sans détour je lui parlerai.
Monsieur Frontin aura beau faire,
Je verrai bien s'il me dit vrai.

On a médit par jalousie,
Disait-elle le lendemain ;
Ce Frontin m'aime pour la vie ;
Il a ma foi,... j'aurai sa main !
Mais, bientôt, hélas ! la pauvrette,
L'œil en pleurs, le cœur déchiré,
Loin du perfide, apprit, seulette,
Qu'au village l'on disait vrai.

Mise en musique par le chevalier Lagoanère.

LA RIEUSE ET LA GRAND'MAMAN.

« Oui, de mon temps, rieuse Claire,
Retenez bien cette leçon !
Une fille savait se taire,
Sans de tout demander raison.
Elle avait moins d'étourderie,
Et rire eût été mal agir ;
Une simple plaisanterie
Aussitôt la faisait rougir.

« Eh quoi ! ce matin, à la ville,
Parce qu'on vous lorgne en passant,
De cette action incivile
Vous riez... Était-ce décent ? »
— « Pardonnez mon étourderie,
Une autre fois, pour mieux agir,
Toussez, grand'maman, je vous prie,
Alors que je devrai rougir !

— « Vous éclatez à la lecture
Où l'on dit que Vulcain, si laid,
Prend, en faisant triste figure,
Mars et Vénus dans un filet... »
— « Pardonnez mon étourderie,
Une autre fois, pour mieux agir,
Toussez, grand'maman, je vous prie,
Alors que je devrai rougir ! »

— « Aux jeux innocens, chez Hortense,
Pourquoi donc rire, l'autre jour,
Lorsque Justin, pour pénitence,
Fit avec vous le pont d'amour ? »

— « Pardonnez mon étourderie,
Une autre fois, pour mieux agir,
Toussez, grand'maman, je vous prie,
Alors que je devrai rougir ! »

— « Ah ! quelle serait ma colère,
Si, lorsque l'on vous marîra,
On vous voyait rire, ma chère,
Au lieu de rougir, ce jour-là ! »
— « De peur de quelque étourderie,
Dans un tel jour, pour bien agir,
Indiquez-moi, je vous en prie,
Le moment où l'on doit rougir ? »

Mise en musique par A. Romagnesi.

SÉPARONS-NOUS! VOICI LA NUIT!

Lucas disait à sa bergère
Qui reconduisait son troupeau :
« Ah! pourquoi donc, sitôt, ma chère,
« Veux-tu retourner au hameau? »
— « Près de toi, dit la pastourelle,
« Je tremble, dès que le jour fuit ;
« Je n'entends plus la tourterelle,
« Séparons-nous! voici la nuit! »

Au rendez-vous toujours fidèle,
Lucas la vit le lendemain ;
Il sentit naître ardeur nouvelle,
Parla d'amour, serra sa main ;
Il osa... Mais soudain la belle
Entendit au loin quelque bruit.
« Adieu, cher Lucas, lui dit-elle,
« Séparons-nous, voici la nuit ! »

Fuis Lucas, jeune bachelette,
Ou tu perds le repos du cœur !
Vain conseil ! le soir, la pauvrette
Retrouve Lucas, par malheur.
Il s'enhardit... elle soupire...
Doux serment d'amour la séduit !
Hélas ! il n'est plus temps de dire :
Séparons-nous ! voici la nuit !

Mise en musique par P. Lafont.

PETIT A PETIT L'OISEAU FAIT SON NID.

L'an dernier encore,
Cette jeune Isaure
Au minois piquant,
N'était qu'une enfant ;
Bientôt, avec l'âge,
Heureux avantage !
Son gentil corsage
Croît et s'embellit :
Petit à petit
L'oiseau fait son nid.

Paul, auprès d'Isaure
D'abord sent éclore
Un secret désir
D'où naît un soupir;
Hélas! par mégarde,
Isaure y prend garde...
Sitôt Paul hasarde
Un mot qui séduit!...
Petit à petit
L'oiseau fait son nid.

L'amour qu'elle ignore
Triomphe d'Isaure.
Parfois, doux momens
Causent longs tourmens.
Pour autre amourette
Paul fuit la pauvrette,
Qui, l'ame inquiète,
Nuit et jour gémit.
Petit à petit
L'oiseau fait son nid.

Depuis, on déplore
Le destin d'Isaure ;
Un instant d'erreur
Causa son malheur...
Naïve bergère,
Si loin de ta mère
On cherche à te plaire,
Songe à ce récit :
Petit à petit
L'oiseau fait son nid.

Mise en musique par l'auteur des paroles.

LA MAUVAISE LANGUE DU VILLAGE.

Vous me refusez pour amant,
Et vous riez de ma colère;
Sous peu je trouverai l'instant
De m'en venger, méchante Claire.
Redoutez mon œil pénétrant!
Et si quelqu'autre a pu vous plaire,
 Je saurai tout.

 Garçons, fillettes,
 Cachez surtout
 Vos amourettes,
 Car je dis tout.

Ainsi que vous, Lise et Blaiseau
Me taisaient leur flamme discrète ;
Par deux chemins, dans le hameau
Ils rentraient le soir en cachette ;
Mais un ruban sur le chapeau,
Un bouquet sous la collerette
    M'apprenaient tout.

    Garçons, fillettes,
    Cachez surtout
    Vos amourettes,
    Car je dis tout.

Tapi sous un buisson voisin,
J'ai vu Justine, avec mystère,
Faire signe à son beau Lubin
Que bientôt sortirait sa mère.
A la danse on cherchait Colin,
Rose manquait... c'est chose claire.
    J'observe tout.

Garçons, fillettes,
Cachez surtout
Vos amourettes,
Car je dis tout.

Fuyant maint propos séducteur
De chaque berger du village,
Lorsque Suson reçut la fleur
Que l'on destine à la plus sage,
Son front se couvrit de rougeur,
Du seigneur pâlit le visage.
Je voyais tout.

Garçons, fillettes,
Cachez surtout
Vos amourettes,
Car je dis tout.

Mise en musique par A. Romagnesi.

LA CORBEILLE DE MARIAGE.

La voilà donc cette corbeille
Qui m'éblouit par sa blancheur!
C'est un trésor, une merveille;
Quels jolis nœuds! quelle fraîcheur!
Si parfois, en votre présence,
J'ai montré de l'indifférence,
Ah! monsieur, ce cadeau charmant
Fait naître un autre sentiment.

Eh vite! ouvrons!... Quelle richesse!
Quel éclat vient frapper mes yeux!
Quand je serais une duchesse,
Qu'aurais-je de plus précieux?
Fleurs, rubans, étoffes nouvelles,
Plumes et voiles de dentelles...
Ah! monsieur, ce cadeau charmant
M'attache à vous bien tendrement.

Maman avait raison de dire
Que vous étiez intéressant...
Que vois-je? un riche cachemire!...
De l'or!... Vous êtes séduisant.
Cherchons encore!... Une fourrure!...
De diamans une parure!
Ah! monsieur, quel cadeau charmant!
Je vous adore en ce moment!

Mise en musique par A. Panseron.

LES SERMENS ET LES VENTS.

Demain je quitte la Provence,
O ma maîtresse, ô mes amours !
Mon brick sur les flots se balance,
Prêt à partir pour un long cours.
Que ton ami reçoive encore
Tes doux aveux, tes doux sermens !
Sois-y fidèle, ô mon Isaure,
    Plus que les vents
    Ne sont constans !

Depuis trois jours, longeant la plage,
Justin voguait loin du hameau,
Quand le vent, malgré l'équipage,
Au port ramène son vaisseau.
Dieux ! quel bonheur ! d'amour encore
Tu rediras les doux sermens !
Sois-y fidèle, ô mon Isaure,
    Plus que les vents
    Ne sont constans !

Il cherche en vain celle qu'il aime,
Elle est muette à ses soupirs.
Déjà l'ingrate, ô peine extrême !
Courait à de nouveaux plaisirs.
Mais le vent change, il part encore,
Ne croyant plus aux doux sermens ;
Les tiens, dit-il, perfide Isaure,
    Plus que les vents
    Sont inconstans.

Mise en musique par P. Favier.

TROP TARD.

« Tout en aimant la jeune Rose
Qui ce soir fera mon bonheur,
Les ennuis que l'attente cause
Pourraient désenchanter mon cœur;
Mais elle a dit : » — « La neuvième heure
« Me fera quitter ma demeure ;
« Surtout, Justin, point de retard !... »
— « De huit heures je crois que sonne un premier quart?

« Je suis presque une heure d'avance
A ce fortuné rendez-vous;
Mais le plaisir de sa présence,
M'en paraîtra d'autant plus doux.
La lune lentement se voile;
Au firmament pas une étoile;
Pour nos amours heureux hasard!...
Bien, la voix de l'horloge a dit un second quart.

« D'avoir la mémoire infidèle
Viendrez-vous m'accuser encor?
Je suis présent, mademoiselle,
Et je n'ai pas le moindre tort.
Il faudra bien qu'on m'abandonne
Un fleuron de cette couronne
Que convoite plus d'un regard...
Heureux mortel!... déjà sonne un troisième quart.

« Là bas s'agite le feuillage;
Je tressaille au plus léger bruit...
C'est elle!... Eh non!... mais quoi! l'orage...
Il tonne... l'éclair m'éblouit...

Quel vent!... Faut-il donc que j'essuie
Cet affreux déluge de pluie!
L'eau m'inonde de toute part...
L'heure sonne... dix coups! Encor venu trop tard!

LA SONATE.

Que cette sonate m'ennuie !
Je n'en verrai jamais la fin !
Maman veut que je l'étudie ;
Il faut la savoir pour demain.
Une romance, une ariette,
Je les retiendrais beaucoup mieux ;
Mais on gronde quand je répète
Quelque refrain tendre ou joyeux...

J'entends du bruit... Vite à l'ouvrage !
Essayons ce maudit passage !

Cependant je vois qu'on me raille
Sur ma sonate ou mon rondeau;
Celui-ci cause, un autre baille
Aux accords de mon piano.
Ah! s'il m'était permis de dire
Les fiers combats de nos guerriers,
Ou d'un troubadour le martyre,
On m'écouterait volontiers...

J'entends du bruit... Vite à l'ouvrage!
Travaillons ce maudit passage!

Je sais quelle extase divine
Causent *Bella* de Blangini,
De Duchambge *la Brigantine,*
L'*Angelus* de Romagnesi,
De Beauplan la *Valse légère,*
C'est une larme de Lafont,
Le *Gentil Jacquot* de Bruguière,
Le Petit Blanc de Panseron...

J'entends du bruit... Vite à l'ouvrage!
Terminons ce maudit passage!

CHANSONNETTES.

Aux petits jeux, en confidence,
Mon cousin m'apprit, l'autre jour,
Pourquoi chansonnette ou romance
Sont interdites sans retour.
Auteurs, dont la muse touchante
Du cœur dévoile les secrets,
Si vous voulez que l'on vous chante,
Jamais d'amour dans vos couplets!...

Mais quelqu'un vient... Vite à l'ouvrage!
Montrons que je sais ce passage!

FEMME PEUT-ELLE AIMER TOUJOURS?

❁

Dans l'âge d'innocence,
On croit à la constance;
D'une telle croyance
Que les momens sont courts!
J'eus aussi mon jeune âge;
Une beauté volage
Reçut dans ce village
Mes premières amours.

Compter sur son amie,
Ah! vraiment, c'est folie;
Femme jeune et jolie
Peut-elle aimer toujours?

De ma jeune maîtresse
Je gagnai la tendresse;
Mais de tant douce ivresse
J'ai vu tarir le cours.
Un soir, l'ame inquiète,
Je surpris la coquette
D'un berger, en cachette,
Écoutant les discours.

Compter sur une amie,
C'est donc une folie;
Femme jeune et jolie
Ne peut aimer toujours.

Depuis la perfidie
De l'ingrate Émilie,
Belles, je vous défie,
Et je trompe à mon tour.

Pardon, sexe infidèle !
Toi seul es mon modèle,
Je t'imite avec zèle,
Et je dis, chaque jour :

Compter sur une amie,
Serait de la folie ;
Femme jeune et jolie
Aime à changer d'amour.

Mise en musique par l'auteur des paroles.

LE SON JOYEUX DE LA TROMPETTE.

« Reçois mes adieux, mon Alice,
« Non, je ne t'oublirai jamais ;
« Mais pour obéir au service
« Je dois quitter le sol français.
« Le son joyeux de ma trompette,
« De nos rendez-vous interprète,
« Jusqu'à l'instant de mon retour
« Sera muet aux chants d'amour.

« Il est vrai que le militaire,
« Quelquefois, par délassement,
« Chez l'étranger peut rire et plaire,
« Mais sans changer de sentiment.
« Le son joyeux de ma trompette,
« De nos rendez-vous interprète,
« Se ranimant à mon retour,
« Te redira des chants d'amour. »

Alice était jeune et jolie;
Et bientôt un essaim d'amans
Veut la séduire; elle n'oublie
Ni son ami, ni ses sermens.
Les airs chéris de la trompette,
Qu'en secret son ame répète,
Lui font attendre un doux retour,
Pour reprendre ses chants d'amour.

Long-temps la plus tendre constance
Calma les chagrins de leurs cœurs;
Et, ce qui n'est pas rare en France,
Nos soldats rentrèrent vainqueurs.

Le son joyeux de la trompette,
De leurs rendez-vous interprète,
Annonce enfin un doux retour,
Et l'on entend des chants d'amour.

Mise en musique par P. Favier.

L'ART DE PLAIRE ET L'ART D'AIMER.

A quinze ans, la naïve Hortense
Brillait d'un éclat enchanteur,
Et la plus froide indifférence
Régnait encore dans son cœur.
Sinval, d'une flamme sincère
Près d'elle se sent animer ;
Mais il ne sait pas l'art de plaire,
Hortense ignore l'art d'aimer.

Pour triompher de l'innocence
L'amant timide, chaque jour,
Cherchait la secrète influence
Qui fait obtenir du retour ;
Il pénètre enfin ce mystère,
Et ne craint plus de s'exprimer ;
Sinval a trouvé l'art de plaire ;
Hortense apprendra l'art d'aimer.

Un seul regard instruit Hortense :
Sinval ne cache plus ses feux ;
Il parle, et sa douce éloquence
Charme, séduit ; il est heureux.
O vous que l'amour désespère,
Du Dieu qui sait vous enflammer
Apprenez d'abord l'art de plaire,
Avant d'enseigner l'art d'aimer !

Mise en musique par F. Berton fils.

LA VEILLÉE.

Un soir d'hiver, à la veillée,
Le vieux Lucas ainsi disait
A jeune bergère effrayée
Qui tout en émoi l'écoutait :

    Quand vient la nuit, fillette
    Doit rester au hameau;
L'esprit malin souvent la guette
      Près du château.

Lise, long-temps, de cette histoire
Osa douter; mais, un beau jour,
L'imprudente, au lieu de me croire,
S'aventure près de la tour.

   Quand vient la nuit, fillette
   Doit rester au hameau;
L'esprit malin souvent la guette
     Près du château.

Soudain, j'entends gronder l'orage;
Je cours vers Lise, vain effort!
L'esprit, sous la forme d'un page,
Me porte un coup!... Je me crus mort!

   Quand vient la nuit, fillette
   Doit rester au hameau;
L'esprit malin souvent la guette
     Près du château.

Contraint de fuir, je sus que Lise
Avait éprouvé des malheurs;
Et depuis lors je l'ai surprise
Qui répétait, versant des pleurs:

Quand vient la nuit, fillette
Doit rester au hameau ;
L'esprit malin souvent la guette
Près du château.

Mise en musique par E. Bruguière, et par F. Massimino.

LE PASSEUX DE SAINT-CYR. [1]

Hâtez vos pas et gagnez le rivage,
Sur l'autre bord vous qui voulez passer !
Ce jour, on chôm' la fête du village :
Les dans's, les jeux vont bientôt commencer.

(Parlé.) Allons, ohé ! les autres, arrivez donc, vous conterez le reste en route... Ohé !...

J'ai place encor sur mes banquettes ;
L'air est pur et le vent est doux ;
Femmes, enfans, garçons, fillettes,
Embarquez-vous !

[1] Village sur la Loire, vis-à-vis de Tours.

Poussons au large! Eh! que vois-je? Justine
Qui, sans mot dire, agite son mouchoir;
Virons de bord, aussi bien je devine
Qu'ils seront deux pour repasser ce soir.

(Parlé.) Le grand Colin y est déjà... Pauvres enfans! Ça n'a pas le cœur dur comme des parens, et pour pas qu'ça paraisse, ça passe chacun mon tour... Ohé! y en a-t-il d'autres pendant que j'y suis... Ohé!...

J'ai place encor sur mes banquettes;
L'air est pur et le vent est doux;
Femmes, enfans, garçons, fillettes,
Embarquez-vous!

Je vois là bas s'avancer vers le fleuve
Dame Germaine au regard langoureux;
Depuis trois mois, tout au plus, elle est veuve,
Irait-ell' donc chercher un amoureux?

(Parlé.) Ça s'pourrait ben; car enfin si toutes les veuves ne faisaient que pleurer, ça ferait trop grossir les rivières... Ohé!...

J'ai place encor sur mes banquettes;
L'air est pur et le vent est doux;
Femmes, enfans, garçons, fillettes,
Embarquez-vous!

V'là-z-un troupier à la mine rustique
Qui de nouveau va noyer son chagrin;
Qu'faut qu'il en ait, car c'te bonne pratique
Pass' l'eau sans cess' pour aller boir' du vin.

(Parlé.) Et ce soir, ça sera comme dimanche où qu'mon bateau y a servi d'lit d'camp. Y faut qu'ça soit bon du vin, car y a ben des gens qui l'aiment... Allons, allons, m'y v'là, n'vous impatientez pas! c'est la dernière appel... Ohé! ohé!...

J'ai place encor sur mes banquettes;
L'air est pur et le vent est doux;
Femmes, enfans, garçons, fillettes,
Embarquez-vous!

Mise en musique par l'auteur des paroles.

ESPÈRE! ON T'AIMERA.

Fillette du village
Au séduisant regard,
Pourquoi sous le feuillage
Ainsi fuir à l'écart?
Lorsque tu vois la rose
Que berce le zéphir,
Ton cœur plus ne repose;
Tu rêves le plaisir!

Jeune bergère,
Espère!
Ton tour viendra;
Tu sais charmer et plaire,
Bientôt, ma chère,
On t'aimera.

Quoi! de la jalousie
En voyant des amans!
Leur sort te fait envie
Et cause tes tourmens!
A leur moindre caresse
Tu sembles réfléchir,
Et leur commune ivresse
T'arrache un doux soupir!

Jeune bergère,
Espère!
Ton tour viendra;
Tu sais charmer et plaire,
Bientôt, ma chère,
On t'aimera.

Déjà dans cette fête
Tu remarques Lucas;
Il brigue ta conquête,
Partout il suit tes pas.
Il t'invite à la danse,
Il a pressé ta main;
Vers lui ton cœur s'élance...
Oh! quel heureux destin!

 Jeune bergère,
  Espère!
 Ton tour viendra;
Tu sais charmer et plaire,
 Attends, ma chère,
  L'hymen est là!

Mise en musique par E. Bruguière.

IL FAUT ATTENDRE TOUT DU TEMPS.

Votre minois, petite fille,
Dénote la malignité.
Louise, vous êtes gentille;
Tout en vous est vivacité.
Quand deviendrez-vous donc plus sage?
Songez que vous avez huit ans!
Vous répondez à ce langage :
Il faut attendre tout du temps.

Que l'esprit qui dans vous pétille
Assure un jour votre bonheur !
Apprenez, surtout, que l'on brille
Avec les qualités du cœur !
Soyez bonne, aimable et sincère,
Et promettez-moi qu'à douze ans
L'on vous trouvera moins légère !
Il faut attendre tout du temps.

Le temps s'enfuit d'un vol rapide,
Sachez le fixer dans son cours !
Que la raison soit votre guide !
Et l'on vous aimera toujours.
Vous atteindrez quinze ans, ma chère ;
Cet âge cause des tourmens...
Mais c'est alors, quand on sait plaire,
Qu'il faut attendre tout du temps.

Mise en musique par F. Paër, et par le chevalier Lagoanère.

SAVOIR, VOULOIR, POUVOIR.

La fleur des champs qui vient d'éclore
Séduit moins le cœur et les yeux
Que ne le fait l'aimable Isaure
Par son sourire gracieux.
De mille charmes embellie,
Que n'a pas créés son miroir,
Elle est belle autant que jolie
    Sans le savoir.

Seize ans font toute sa parure ;
Sa devise est : simplicité ;
Et la grâce de sa figure
Le cède encore à sa bonté ;
Du pauvre alléger la misère,
Pour elle est toujours un devoir ;
Dès qu'on la voit, elle sait plaire
    Sans le vouloir.

Offrant un heureux assemblage
Des attraits joints aux dons du cœur,
Isaure est le plus bel ouvrage
Sorti des mains du créateur.
En t'admirant, fille accomplie,
Que d'amans nourriront l'espoir
De te posséder pour la vie
    Sans le pouvoir !

IL N'Y A PLUS D'ENFANS.

« Petit garçon, petite fille, »
Tels sont les mots que chaque jour
Les grands parens de la famille
Nous font entendre tour à tour.
J'ai découvert, par artifice,
Le moyen pour que ça finisse ;
Cousin Alfred, tiens, à dix ans
Nous ne sommes plus des enfans.

Tout en feignant d'être occupée,
Au coin du bosquet, ce matin,
Je jouais avec ma poupée,
Épiant ma sœur et Justin;
Comme eux pour que l'on nous appelle,
Toi, monsieur, moi, mademoiselle,
Imitons-les, car à dix ans
Nous ne sommes plus des enfans.

Auprès de moi quand tu t'avances,
Mets-toi d'abord à soupirer!
Après cela tu recommences;
Moi, je fais semblant de pleurer.
Ensuite tu me dis *je t'aime;*
C'est ennuyeux, dis tout de même!
Car enfin nous avons dix ans;
Nous ne sommes plus des enfans.

Te donne-t-on des friandises,
Offre-les-moi par amitié!
Fruits, gâteaux, bonbons ou devises,
De tout je veux avoir moitié.

Tu m'embrasseras sur la joue;
J'aurai l'air de faire la moue;
Mais va toujours! car à dix ans
Nous ne sommes plus des enfans.

Mise en musique par A. Panseron.

LE GARDE-CHASSE.

❀

« Comment, encor dans la clairière !
Me direz-vous non, cette fois ?
Corbleu ! j'étouffe de colère...
Oser, ici, couper du bois !
Ah ! si vous étiez moins jeunette,
Oui, j'en jure sur mon honneur,
J'agirais avec vous, Annette,
De même qu'avec un voleur. »

« Comme rien n'échappe à la vue
Du seigneur, il vous guettera ;
Moins bon que moi, dans sa battue,
Quelque jour il vous retiendra...
Quoique vous soyez joliette,
N'en craignez pas moins sa rigueur !
Il sera bien plus dur, Annette,
Avec vous qu'avec un voleur. »

En effet, un soir, dans sa ronde,
Le garde suivait un sentier ;
Son chien, qui le précède, gronde,
En s'arrêtant près d'un hallier.
Le garde court vers la cachette,
Et que trouve-t-il ?... son seigneur
L'œil en feu ;... mais c'était Annette
Qui criait alors au voleur !

LES SENTINELLES ENDORMIES.

SCÈNE ESPAGNOLE.

LAURA.

« Mon cher Pedro, tu ne viens pas...
« Que je souffre de ton absence !
« Serait-ce le bruit de tes pas ?...
« Non !... c'est ma bonne qui s'avance ! »

LA DUÈGNE.

— « Quoi ! Señora, soir et matin
« Je vous trouve à cette fenêtre !
« Je vous défends d'y reparaître ;
« Vite, avec moi, filez ce lin ! »

PEDRO.

— « Fidèle aux plus tendres sermens,
« Laura, je viens avec mystère...
« Quelle est donc la voix que j'entends?...
« C'est celle d'un moine en prière!...

UN MOINE.

— « Mon fils, sans respect pour ce lieu,
« Vous osez, près d'une madone,
« Parler d'amour!... Je vous pardonne;
« Mais vite, avec moi, priez Dieu! »

La duègne, en filant, s'ennuia,
Bientôt se ferma sa paupière;
Le révérend plus ne pria
Et dormit comme au monastère.
Mettant à profit les momens,
Pedro vole aux pieds de sa belle;
Malgré la double sentinelle,
L'amour unit les deux amans.

CHANSONS.

POURQUOI J'AIME L'ARGENT.

Siècle brillant de la finance,
O toi qui viens nous éclairer,
Pour toi j'ai trop de déférence
Pour chercher à te censurer.
J'ai toujours cru que l'homme sage
En rien ne se montre exigeant,
Et doit toujours suivre l'usage ;
Voilà pourquoi j'aime l'argent.

Quoique d'humeur un peu jalouse
Je rêve pourtant à l'hymen,

Tout en sachant que jeune épouse
Souvent mène un mari grand train.
Si des plaisirs femme rafolle,
Riche dot nous rend indulgent,
Et de bien des regrets console ;
Voilà pourquoi j'aime l'argent.

Fi de cette existence étroite
Que s'imposaient nos bons aïeux !
Fi du grenier de maint poète !
On s'y trouve trop près des cieux.
D'hôtel, d'équipage à la mode,
Selon mes goûts toujours changeant,
Je suis la nouvelle méthode ;
Voilà pourquoi j'aime l'argent.

Je n'ai pas la philosophie
De ce Grec qui dans un tonneau
Semblait mener joyeuse vie
Tout en ne buvant que de l'eau.
L'Aï, le Chambertin, Le Grave
Pour moi sont d'un besoin urgent ;

Des meilleurs crus j'emplis ma cave ;
Voilà pourquoi j'aime l'argent.

Si de l'inconstante déesse
Je sollicite la faveur,
C'est qu'ici-bas à la richesse
Chacun s'empresse à rendre honneur.
Riche, l'on reçoit à sa table
L'auteur et l'artiste obligeant,
Le viel ami, la femme aimable ;
Voilà pourquoi j'aime l'argent.

Je hais cet avare sordide
Toujours prêt à vous refuser ;
Car si d'argent je suis avide,
Ce n'est pas pour thésauriser.
Dès que j'entends l'humble prière
Qu'adresse à mon cœur l'indigent,
J'allége aussitôt sa misère ;
Voilà pourquoi j'aime l'argent.

Mise en musique par E. Bruguière.

LES CHOSES QUI PASSENT.

Pour soutenir un grand seigneur
On prodigue son sang, ses veilles ;
Il vous promet monts et merveilles :
« Comptez, dit-il, sur ma faveur ! »
Mais bientôt, ô métamorphose !
Il se moque de ses sermens...
  Faveur des grands,
 Amour de femme et rose
Passent comme le beau temps

Par ses attraits et sa candeur
Quand jeune fille sait nous plaire,
Et que c'est nous qu'elle préfère,
Dans l'hymen on met son bonheur.
Mais bientôt, ô métamorphose !
Coquette, on lui voit des amans...
  Faveur des grands,
   Amour de femme et rose
  Passent comme le beau temps.

Secret dessein me fit, un soir,
Cueillir pour celle que j'adore,
Une rose venant d'éclore,
Et mon cœur palpitait d'espoir.
Mais bientôt, ô métamorphose !
Rose et boutons sont languissans...
  Faveur des grands,
   Amour de femme et rose
  Passent comme le beau temps.

Mise en musique par Paul Favier.

LES EAUX D'ENGHIEN.

Vous qui de la puissante Hygie
Devez réclamer les bienfaits,
D'Enghien la campagne fleurie
Vous charmera par mille attraits;
Dans ces beaux lieux l'ame est ravie;
Là, près d'un nouveau Gallien,
Voulez-vous doubler votre vie?
Allez prendre les eaux d'Enghien!

Femme d'humeur mélancolique,
Aux grands yeux bleus mouillés de pleurs,
D'Enghien le site romantique
Vous offre un lac, des bois, des fleurs;
Et vous, femme vive et légère,
Qui souffrez d'un fâcheux lien,
Si le plaisir peut vous distraire,
Allez prendre les eaux d'Enghien!

Vaillans guerriers, dont les blessures
Nous rappellent tant de hauts-faits;
Auteurs dont les pâles figures
Attestent le bruit des sifflets;
Maris d'épouses infidèles,
Pour vous consoler de l'hymen,
Victimes des beautés cruelles,
Allez prendre les eaux d'Enghien!

Le bouton, avant que d'éclore,
Souvent, hélas! paraît languir;
Il attend les pleurs de l'aurore
Et les caresses du zéphir;

Filles, boutons, sont mêmes choses.
Nymphes gentilles, le moyen
De transformer vos lis en roses
C'est de prendre les eaux d'Enghien.

Mise en musique par A. Romagnesi.

SOUVENIRS DE LA VICTOIRE.

Le souvenir de la victoire
De l'amour accroît la douceur ;
Lorsqu'il renaît dans ma mémoire,
Non, rien n'égale mon bonheur.
Songeant à la France, à Julie,
Je suis heureux ! n'ai-je donc pas
Toujours un cœur pour mon amie,
Pour mon pays encore un bras ?

Le jour où mon jeune courage
Paya la dette de l'honneur,
Aux nôtres resta l'avantage :
Rien ne résiste à la valeur.
Mon sang coulait, vers moi Julie
Accourt et m'arrache au trépas ;
J'offris mon cœur à cette amie,
Quand je perdais un de mes bras.

La plus vive reconnaissance
Soudain fit naître mon amour ;
J'aimai d'abord sans espérance,
Mais bientôt j'obtins du retour.
En m'enchaînant à ma Julie,
Je lui redis ces mots tout bas :
Toujours un cœur pour mon amie,
Pour mon pays encore un bras.

Mise en musique par F. Berton fils.

LES FRUITS DE L'ÉDUCATION.

« A me répondre qu'on s'apprête !
Mademoiselle, attention !
Qu'est-il resté dans votre tête
De ces trois ans de pension ?... »
— « Maman, voulez-vous de l'histoire ?...
Quand Charles-Sept, dans son castel,
Soumis aux lois d'Agnès Sorel,
Oubliait son peuple et la gloire,
L'amour... » — « L'amour ! assez comme cela ;
Passons, passons sur ce chapitre-là !

« N'avez-vous pas dans cette race
D'autres règnes à me citer ?
Cherchez-moi, quelques faits, de grâce,
Je suis prête à vous écouter. »
— « Henri des rois fut le modèle ;
Brave, généreux et courtois,
Partout on chante ses exploits
Et sa charmante Gabrielle ;
L'amour... » — « L'amour ! assez comme cela ;
Passons, passons sur ce chapitre-là !

« Voyons ! dans la géographie !
Vous avez eu quelques succès ;
Laissons l'Espagne et la Turquie,
Et parlez-moi du sol français... »
— « De l'Europe Paris est l'ame ;
Là, tous les arts sont réunis ;
On dit que ce charmant pays
Est le paradis de la femme ;
L'amour... » — « L'amour ! assez comme cela ;
Passons, passons sur ce chapitre-là !

« La Fable a toujours su me plaire,
J'aime ses traits ingénieux ;
Vous devez savoir, je l'espère,
Le nom, les attributs des dieux. »
— « Jupiter gouverne le monde ;
Mars préside à tous les combats ;
Brillante de grâces, d'appas,
Vénus sortit du sein de l'onde ;
L'Amour... » — « L'Amour ! assez comme cela ;
Passons, passons sur ce chapitre-là !

« Du temps comme on doit être avare,
Songeons aux talens d'agrément !
Aux accords de votre guitare
Unissez un morceau de chant ! »
— « Mon tendre cœur déjà soupire
Et s'agite la nuit, le jour ;
Jeune et sensible troubadour,
Oh ! prends pitié de mon martyre !
Amour... » — « L'amour ! assez comme cela ;
Passons, passons sur ce chapitre-là !

Mais j'allais oublier la danse;
Pour vous a-t-elle moins d'attraits;
N'est-ce que pour la révérence
Que je paie autant de cachets? »
— « La danse! ah! maman, quel délire!
Déjà nous formons des ballets;
Apprenez que c'est moi qui fais,
Quand nous jouons Flore et Zéphire,
L'Amour... » — « L'amour! assez! restons-en là!
N'apprend-on rien que l'amour ne soit là? »

Mise en musique par E. Bruguière.

NE QUITTONS PAS PARIS.

J'avais pensé, d'après un certain livre,
Qu'en maint pays éloigné de la cour,
Une beauté cessait plutôt de vivre
Que de briser un doux lien d'amour :
Soudain, je pars, et plein de confiance,
J'aime, on se rend... Mais que je suis surpris
De voir un jour que, quant à la constance,
On suit partout l'usage de Paris.

J'avais pensé, d'après le même ouvrage,
Qu'en parcourant quelque site enchanteur,
Les monts, les prés, les ruisseaux, le feuillage,
Ramèneraient le calme dans mon cœur.
Je cours aux champs admirer la nature ;
Mais je me lasse et n'ai que des ennuis...
Amans trahis, pour venger une injure,
Ah ! croyez-moi, rien n'est tel que Paris.

J'avais pensé qu'en allant au village
J'y trouverais les plus jolis minois ;
Que la bergère au séduisant corsage
M'enchanterait par les sons de sa voix :
Quoi ! ce sont là ces gentes pastourelles ?
Quel air niais, quels visages brunis !
Vous qui peignez et l'amour et les belles,
Peintres galans, ne quittez pas Paris !

Mise en musique par Mme Lafont.

LES ODALISQUES DE MAHMOUD,

A L'EMPEREUR NICOLAS.[1]

ZORAÏDE.

Mes chères sœurs, consolez-vous !
Un grand jour luit enfin pour nous.
Du Croissant s'écroule l'empire ;
Le Sultan a fini de rire ;
Depuis un mois on n'a pu voir
Même le coin de son mouchoir !

---

[1] En 1827, du sommet des Balkans, l'empereur de Russie menaçait Constantinople.

LES ODALISQUES EN CHŒUR.

Grands Nicolas, presse donc tes cohortes,
Et du harem brise au plus tôt les portes!

KALIDE.

Dans ce pays, en vérité,
Notre sexe est bien maltraité.
Chez tous les peuples de la terre
On nous chérit, on nous révère;
Ici, cent femmes par amant;
Ailleurs, une femme en a cent.

LES ODALISQUES EN CHŒUR.

Grand Nicolas, presse donc tes cohortes,
Et du harem brise au plus tôt les portes!

ZULIMÉ.

Au sérail nous tremblons de peur
D'obtenir même une faveur;
Car si, par malheur, Sa Hautesse
Croit n'avoir eu dans son ivresse
Que la rose au lieu du bouton,
Gare, alors, le fatal cordon!

LES ODALISQUES EN CHŒUR.

Grand Nicolas, presse donc tes cohortes!
Et du harem brise au plus tôt les portes!

OLINDE.

Je me rappelle qu'un fakir,
Avant que l'on vînt m'asservir,
Me dit, tirant mon horoscope,
Qu'un prince du nord de l'Europe,
A mes genoux, la nuit, le jour,
Filerait le parfait amour.

LES ODALISQUES EN CHŒUR.

Grand Nicolas, presse donc tes cohortes!
Et du harem brise au plus tôt les portes!

ZÉLIDA.

J'ai fait un rêve l'autre nuit,
Dont le souvenir me poursuit:
Un jeune Français en Morée
M'aperçoit, j'en suis adorée;
Et dans Paris, par son pouvoir
Je deviens reine... de comptoir!

LES ODALISQUES EN CHŒUR.

Grand Nicolas, presse donc tes cohortes!
Et du harem brise au plus tôt les portes!

AZÉMI.

Mes chères sœurs, parlons plus bas!
Dissimulons! j'entends les pas
Du chef des noirs à la voix claire,
Qui n'ayant plus rien pour nous plaire,
Rôde ici pour nous épier,
Et d'un mot nous ferait noyer!

LES ODALISQUES EN CHŒUR.

Grand Nicolas, presse donc tes cohortes!
Et du harem brise au plus tôt les portes!

LA LOI D'AMOUR.

❀

Vous qui bientôt, heureux amans,
Entrez dans la saison de plaire,
Du code des doux sentimens
Sachez quel est le formulaire !
Pour faire agréer votre cour
De le suivre faites-vous gloire ;
Gravez-le dans votre mémoire !
  Telle est la loi d'amour.

« En chevalier noble et vaillant
« Soutenir l'honneur de sa dame,
« Être discret, soumis, galant,
« Brûler d'une éternelle flamme ;
« Sentir, à chaque instant du jour,
« Augmenter son tendre délire,
« Briguer un regard, un sourire : »
   Telle est la loi d'amour !

« Sans s'abandonner au transport
« Que fait naître la jalousie,
« Vivre dans un parfait accord,
« Et se fier à son amie ;
« Près d'elle employer tour à tour
« Les soins, les égards, la tendresse ;
« Solliciter une caresse : »
   Telle est la loi d'amour !

« Et si du destin la rigueur
« Exige au loin votre présence,
« Revoir, au fond de votre cœur,
« Ses traits chéris en son absence ;

« Nourrir doux espoir de retour,
« Et revenir près de sa belle,
« Non moins épris, non moins fidèle : »
　Telle est la loi d'amour !

Mise en musique par A. Panseron.

LE ZÉIBECK.[1]

✿

N'ayant pour tout asile
Que sa tente mobile,
Le zéibeck tranquille,
En simple cafetan,
Est plus heureux que le Sultan
Sur son divan.

Le zéibeck étale
La pompe orientale

[1] Soldat turc.

Sur sa noble cavale
Aux naseaux pleins de feux ;
Son gai hennir, ses bonds fougueux,
Comblent ses vœux.

Si les vents du Bosphore
Portent la voix sonore
D'une tendre mandore
Au zéibek surpris,
Soudain il rêve des houris
Le paradis.

Des visirs il n'envie
La molle et douce vie ;
Il la sait asservie
A de fâcheux retours ;
Combien en voit-il aux Sept-Tours [1]
Finir leurs jours !

[1] Prison d'état de Stamboul.

Mise en musique par E. Bruguière.

LE CHASSEUR EN DÉFAUT.

Le cor, un matin, dans la plaine,
Donnait le signal du départ,
Lorsqu'un chasseur vit, à l'écart,
La jeune Élise près d'un chêne ;
 Il s'approche et lui dit :
  « Quand chacun, à grand bruit,
  « Accourt, s'empresse et suit
« Le pied de la biche légère,
« Sur tes pas, gentille bergère,
« Moi, c'est l'amour qui me conduit.

« On ne rencontre qu'au village
« Cet air naïf et ce minois ;
« D'honneur, je serais aux abois
« Si tu refusais mon hommage. »
   La belle répondit :
     « Vraiment ! votre récit
      « Me tournerait l'esprit
« Si je ne connaissais la ruse
« Dont trop souvent le chasseur use
« Contre le gibier qu'il poursuit. »

— « Un peu d'or, beaucoup de tendresse
« Peuvent-ils faire ton bonheur ?...
« Si d'un baiser j'ai la faveur,
« Aussitôt je tiens ma promesse. »
   La bergère reprit :
     « Non, rien ne me séduit ;
      « Je rejoins mon réduit ;
« Ecoutez !... La meute s'égare...
« En vain l'on sonne la fanfare ;
« La biche ainsi que moi s'enfuit. »

LA DIFFÉRENCE.

« Puisque ce soir, mon Euphémie,
Tous les deux nous allons au bal;
Permettez-moi, ma chère amie,
Un petit sermon conjugal. »
— « Parlez, je veux bien vous entendre;
Mais que mon regard pénétrant
En vous n'ait plus rien à reprendre !... »
— « Moi ! madame, oh ! c'est différent ! »

« Pourquoi cette riche toilette ?
Qu'ajoute-t-elle à vos attraits ?
La femme qui n'est pas coquette
N'a pas besoin de tant d'apprêts. »
— « Cessez une injuste censure,
Et montrez-vous plus tolérant !
Mais vous-même, votre parure !... »
— « Moi ! madame, oh ! c'est différent ! »

« Au bal où nous allons paraître,
Fuyez le fade adulateur,
Et, surtout, du sot petit-maître
N'acceptez pas même une fleur ! »
— « Et vous, monsieur, je vous supplie,
Ne présentez plus, en entrant,
Un bouquet à cette Aurélie... »
— « Moi ! madame, oh ! c'est différent ! »

« Restez long-temps à votre place !
Il ne sied pas de trop danser :
En lui disant que l'on est lasse,
Quel danseur pourrait s'offenser ? »

— « Mais vous, à la dernière fête,
De belles en belles courant,
Vous valsiez à perdre la tête... »
— « Moi ! madame, oh ! c'est différent ! »

« Si quelque complaisant s'avise,
Lors du souper, de vous offrir
Rébus, papillote ou devise,
Gardez-vous bien de les ouvrir ! »
— « Vous, monsieur, daignez me promettre
De ne glisser, en soupirant,
Dans vos bonbons aucune lettre... »
— « Moi ! madame, oh ! c'est différent ! »

« Sans nous mêler à cette foule,
Laissons sortir les plus pressés !
Nous attendrons qu'elle s'écoule :
Tant de gens sont mal avisés. »
— « De certain soir qu'il vous souvienne,
Quand votre main, s'aventurant,
Était loin de serrer la mienne !... »
— « Moi ! madame, oh ! c'est différent ! »

CHANSON BRETONNE.

La nuit dernière,
Plus d'un garçon planta le mai
Pour la fermière,
En lui chantant un virelai.
Veuve, on s'adresse
A son seul bien :
Point de caresse
A qui n'a rien.

Riche fermière,
Tes prés, tes bois et tes troupeaux
Te rendent fière,
Eux seuls te valent ces rivaux.
Car un cœur tendre,
En vérité,
Ne peut s'éprendre
A ta beauté.

Dans le village,
On me l'a dit, et je sais bien
Que mon visage
Est plus joli que n'est le tien.
Mais ta coiffure
Est de lin fin,
Et ta chaussure
De maroquin.

Pour moi, pauvrette,
Jamais de chant, jamais de fleur;
Toujours seulette,
J'aime à pleurer de ma douleur.

Simple bergère,
Un seul m'aima,
Pour l'Angleterre
Il s'embarqua.

Sur notre rive,
O matelot que j'aime tant,
Arrive! arrive!
Et viens finir mon long tourment!
Alors, heureuse,
Aussi j'aurai
Humeur joyeuse,
Et le cœur gai.

Ces paroles ont été disposées d'après un air breton d'origine et arrangées par E. Bruguière.

LES PROMESSES NORMANDES.

Ah! veuillez donc, ma grande brune,
  M'accorder enfin
   Votre main!
Tant belle soit votre fortune,
  Je vous jure qu'ici
  C'est mon moindre souci.
De vos seul's qualités j'raffolle,
Car, pour moi, vraiment, une dot
  N'est qu'un vain mot;
Je vous en donne ma parole;
  Croyez à mon serment,
   Foi de Normand!

Craignez de trouver chez quelqu'autre
 Un loup sous la peau
  D'un agneau,
Qui d'abord f'rait le bon apôtre,
 Puis, quand il vous tiendrait,
 Pour un rien vous battrait.
Moi, sous vos lois si je m'enrôle,
Je s'rai complaisant, jovial...
  Et point brutal.
Je vous en donne ma parole ;
 Croyez à mon serment,
  Foi de Normand !

Cessez de me faire un reproche
 De certain procès..
  Sans succès !
C'était une simple anicroche ;
 Si j'ai, contre mon gré,
 Fauché hors de mon pré,
C'est que les eaux de ma rigole
Portent mes graines de sainfoin.
  Toujours trop loin.

Je vous en donne ma parole;
  Croyez à mon serment,
    Foi de Normand!

J'vous promets qu'je n'serai pas comme
    Défunt votre époux,
      Dur, jaloux,
Qui n'pouvait voir près d'vous un homme;
    Je n'm'effarouch'rai pas
    Si l'on vant' vos appas.
Que ma femm' jase, batifole,
Quand ell' chantera, dansera,
    Ça m'réjouira...
Je vous en donne ma parole;
  Croyez à mon serment,
    Foi de Normand!

Voudrez-vous fichus et dentelles?
    Voudrez-vous encor
      Bagu's, croix d'or,
Rubans, mille autres bagatelles?
    Vous pourrez à loisir

Contenter vot' désir ;
Vous irez même en cariole,
Conduite par mon mulet gris,
    Pour voir Paris :
Je vous en donne ma parole ;
    Croyez à mon serment,
      Foi de Normand !

J'unis par ma p'tite industrie
    A vot' riche avoir
      Mon savoir.
Chaqu' troc que je fais dans ma vie,
    Je suis intelligent,
    Vient doubler notre argent.
Sous moi l'ch'val boiteux caracole ;
On dirait qu' l'aveugle y voit clair ;
    Et j' les vends cher...
Je vous en donne ma parole ;
    Croyez à mon serment,
      Foi de Normand !

Mise en musique par E. Bruguière, et par A. Romagnesi.

CHANT DES OSAGES.

Le soleil touche aux palmiers,
Fuis, sommeil! debout, guerriers!
Le grand Esprit des montagnes
Veillera sur nos compagnes.
Chaque tribu d'alentour
Reconnaît au fier Osage,
Brave la nuit et le jour,
Redouté du noir sauvage,
La force du lion errant
Et la prudence du serpent.

Knike est un chef valeureux,
Tout cède à son bras nerveux;
L'arme où son pouvoir réside
De sang est toujours humide.
Chaque tribu d'alentour
Reconnaît au fier Osage,
Brave la nuit et le jour,
Redouté du noir sauvage,
La force du lion errant
Et la prudence du serpent.

Dansons-nous sous nos berceaux,
Ennemi, reste en repos!
Car nous écrasons les têtes
De ceux qui troublent nos fêtes.
Chaque tribu d'alentour
Reconnaît au fier Osage,
Brave la nuit et le jour,
Redouté du noir sauvage,
La force du lion errant
Et la prudence du serpent.

Mise en musique par A. Panseron.

PATIENCE ET TRAVAIL.

Faibles mortels, sur cette terre
Où le hasard nous plaça tous,
Si le destin nous est contraire,
Par ce refrain consolons-nous !
Allons, amis, prenons courage !
La vie est un triste passage ;
Puisque chacun doit y finir son bail,
Patience et travail !

Amant de la beauté légère,
Pour vous éviter des refus,
Si vous n'avez pas l'art de plaire,
Pour elle soyez un Crésus !
Allons, amis, prenez courage !
Il vous faut pour le mariage
De la fortune et tout son attirail ;
　　Patience et travail !

Bravant une mer en furie,
Voyez ce chef de matelots,
Son front est calme quand il crie,
Malgré le tumulte des flots :
Allons, amis, prenons courage !
Nous rejoindrons notre rivage ;
Tant que mon bras guide le gouvernail,
　　Patience et travail !

Vous dont la voix évangélique
Cherche à persuader le cœur,
Laissez l'aveugle fanatique
Exhaler sa sombre fureur !

Allons, amis, prenez courage !
Souvenez-vous qu'un doux langage
Ramène seul les brebis au bercail ;
Patience et travail !

Naguère encore, au bruit des armes,
On vit un peuple de guerriers,
Bannissant de vaines alarmes,
Mourir en cueillant des lauriers.
Vous qui restez, prenez courage !
Vous briserez votre esclavage ;
Un tzar n'est plus qu'un faible épouvantail :
Patience et travail ! [1]

[1] Cette pièce fut écrite peu de temps après la prise de Varsovie.

LE DÉPART DU PAYS.

Amis, il faut quitter ces lieux
 Où s'écoula notre enfance ;
Nous reverrons ces bords joyeux ;
O France, reçois nos adieux !
Bannissant de vaines alarmes,
   Qui ne sent battre son cœur
     Dès que le bruit des armes
Le réclame au champ de l'honneur ?

Si, fidèles,
Nos belles
Ont droit à nos amours;
La patrie
Nous rallie,
Volons à son secours!

Amis, imitons ces héros
Qui se sont couverts de gloire;
Pour prix de leurs nobles travaux,
La victoire suit leurs drapeaux.
Long-temps aux rives étrangères
Le destin fixa leurs pas;
Et les vertus guerrières
Les guidaient toujours aux combats.

Si, fidèles,
Nos belles
Ont droit à nos amours,
La patrie
Nous rallie,
Volons à son secours!

Amis, songeons au doux transport
Du nocher bravant l'orage,
Lorsqu'il ramène enfin son bord
Au rivage, après maint effort.
Ainsi que lui, dans nos montagnes,
Las de cueillir des lauriers,
Nous verrons nos compagnes,
Nos vieux pères et nos foyers.

Si, fidèles,
Nos belles
Ont droit à nos amours,
La patrie
Nous rallie,
Volons à son secours !

Mise en musique par E. Bruguière.

CHANT D'UN MARIN.

Toi que nul vaisseau ne devance,
Vogue, mon brick! vogue vers France!
Comme un trait sillonne les flots,
Aux gais refrains des matelots!

Vents frais, enflez sa voile!
Prêtez-lui vos secours!
Du nord divine étoile,
Guide-le dans son cours!

Vole rejoindre la marraine
Dont l'image orne ta carène !
Je sens qu'un plus malin sculpteur
L'a gravée aussi dans mon cœur.

 Vents frais, enflez sa voile !
 Prêtez-lui vos secours !
 Du nord divine étoile,
 Guide-le dans son cours !

Je te promets près de la ville,
Et rade sûre, et mer tranquille ;
Pour te réparer des calfats ;
Pavillons neufs, vergues et mâts.

 Vents frais, enflez sa voile !
 Prêtez-lui vos secours !
 Du nord divine étoile,
 Guide-le dans son cours !

Au port, ma mère et ma maîtresse
Pleurant de joie et de tendresse,

Mon vieux père et mes jeunes sœurs,
Viendront parer ton pont de fleurs.

    Vents frais, enflez sa voile !
    Prêtez-lui vos secours !
    Du nord divine étoile,
    Guide-le dans son cours !

IL N'EST PLUS TEMPS.

« Il est temps, dit la gente Claire,
De rompre avec le jeune Alain ;
Ce berger qui sait trop me plaire
Ne me parle jamais d'hymen.
Auprès de lui je vais me rendre,
Le délier de ses sermens. »
Elle y court, elle devient tendre,
    Il n'est plus temps.

« J'ai le temps, dit un infidèle,
De songer à faire la paix ;
Cherchons encor, loin de ma belle,
Nouveaux plaisirs, nouveaux succès ! »
Pour se venger d'un tel outrage
Femme profite des instans...
Aussi, quand revient le volage,
    Il n'est plus temps.

« J'ai le temps, se dit Isabelle,
De fixer mon choix en amour. »
On voit, en effet, la cruelle
D'un refus marquer chaque jour ;
Mais le Vieillard, du bout de l'aile
La touche et chasse les amans ;
Vainement sa voix les rappelle ;
    Il n'est plus temps.

Au bon temps, on disait en France
Que le peuple, pour être heureux,
Devait rester dans l'ignorance,
Le savoir étant dangereux.

Mais aujourd'hui que la lumière
Comme à la ville brille aux champs,
De vouloir rester en arrière
Il n'est plus temps.

Mise en musique par E. Bruguière.

VOYAGE EN FAVORITE.[1]

Puisque j'entreprends un voyage
Que l'on fait sans quitter Paris,
Je veux qu'il fournisse une page
Au recueil qu'édite Louis.[2]
A mon signal, la Favorite
Me reçoit et repart si vite
Que, tout en m'aidant du filet,
Sur plus d'un genou je m'appuie ;
Le conducteur et sonne et crie :
Complet.

[1] Voiture du genre des Omnibus.
[2] Le Chansonnier des Grâces.

Un homme, rouge de colère,
Se plaint que j'écrase ses cors ;
« Plus loin, me dit une commère,
« Mon petit, portez votre corps ! »
Me gardant de lui tenir tête,
Je lui souris. Le char s'arrête :
Une élégante en mantelet
Nous quitte ; un pompier, plein d'audace,
Dit, en s'emparant de ma place :
  Complet.

De quelque fâcheuse aventure
Pour me garer, je suis prudent,
Je glisse au fond de la voiture,
Et j'en deviens *le président*.[1]
De ce poste, j'ai l'avantage
De contrôler chaque visage :
De beau très peu ; beaucoup de laid.
Le conducteur, sur sa sellette,
A tous les postulans répète :
  Complet.

---

[1] On nomme ainsi celui qui est obligé de se placer sur le strapontin.

De main en main l'argent circule,
Survient un choc, il est à bas.
« Que faites-vous ? c'est ridicule,
« Ai-je vos six sous dans mes bas ? »
Dit aigrement une grisette,
Accusant ma main indiscrète
De caresser son pied douillet ;
On me blâmait, mais on m'approuve
Quand par moi l'argent se retrouve
  Complet.

Un barbon à jeune novice
Hasarde maint propos fallot,
En lui montrant une nourrice
Donnant le sein à son marmot.
Plein de plâtre, un maçon se jette
Sur une veuve, et sa toilette
Du Limousin prend le reflet.
Pour monter avec la modiste
En vain l'étudiant insiste :
  Complet.

« Excusez ! me dit ma voisine,
« Je vous heurte sans le vouloir. »
Dans ses yeux quêteurs je devine
De quel genre était son espoir.
Qu'elle cherche une autre conquête !
Moi, je descends, ma course est faite ;
Je finis mon dernier couplet ;
Trop heureux si j'entendais dire
A ceux qui voudront bien me lire :
      Complet.

LA FILLE OBÉISSANTE.

LA MÈRE.

Ma chère enfant, en fille sage,
Il faut t'en rapporter à moi ;
J'ai fait choix pour ton mariage
D'un époux qui compte sur toi.

LA FILLE.

Déjà pour lui mon cœur soupire,
Vite, daignez me le nommer !
Il est si doux de pouvoir dire :
Maman le veut, je dois l'aimer.

LA MÈRE.

Bien, mon enfant ! De la jeunesse
S'il n'a plus l'air audacieux,
Par sa raison, par sa sagesse
Il doit te plaire encore mieux.

LA FILLE.

Moi, je croyais, tout au contraire,
Que plus jeune il devait charmer ;
Mais il faut obéir, se taire...
Maman le veut, je dois l'aimer.

LA MÈRE.

Bien, mon enfant ! Si sa figure
N'offre pas d'attrait séducteur,
Enfin, s'il manque de tournure,
On lui connaît un fort bon cœur.

LA FILLE.

Un fort bon cœur, pour l'ordinaire,
Est sûr de se faire estimer ;
Par ses talens il pourra plaire...
Maman le veut, je dois l'aimer.

LA MÈRE.

Bien mon enfant ! Si son génie
Dans le monde a peu de crédit,
Du moins il n'a pas la manie
De vouloir briller par l'esprit.

LA FILLE.

L'esprit pourtant rend plus aimable.
Vous commencez à m'alarmer...
De plaire est-il donc incapable?...
Maman le veut, je dois l'aimer.

LA MÈRE.

Bien, mon enfant ! A sa richesse
Il ne faut pas non plus penser;
Par d'anciens titres de noblesse
De Boissec peut la remplacer.

LA FILLE.

Si sa noblesse le console,
Dois-je à ce goût me conformer?...
Vraiment, ce futur me désole...
Maman le veut, je dois l'aimer,

LA MÈRE.

Bien, mon enfant! De l'hyménée
Demain nous ferons les accords;
Que je bénis ma destinée!
Ma fille approuve mes transports!

LA FILLE.

Mais, non; s'il faut, en conscience,
Sur ce prétendu m'exprimer,
Je le prends par obéissance,
Et ne pourrai jamais l'aimer.

Mise en musique par A. Panseron.

VOICI LE PRINTEMPS.

Déjà l'haleine du zéphir
A ramolli l'onde glacée ;
La sombre saison est passée ;
L'amandier commence à fleurir ;
La simple et naïve bergère
Pour cueillir l'humble fleur des champs
Abandonne enfin sa chaumière :
    Voici le printemps !

Beautés, vous voyez chaque fleur,
Après l'hiver, quitter la serre,
Pour reprendre dans le parterre
Son vif éclat et sa fraîcheur.
Volez dans un champêtre asile
Pour ranimer des sentimens
Émoussés au sein de la ville !
    Voici le printemps !

Quels sons joyeux frappent les airs !
L'oiseau, sous le naissant feuillage,
Paré de son nouveau plumage,
A repris ses tendres concerts ;
Et du ruisseau le doux murmure
Émeut l'ame, trouble les sens...
Tout va s'aimer dans la nature :
    Voici le printemps !

Mise en musique par E. Bruguière.

DANS TON BOUDOIR.

Dans ton boudoir,
O ma chère Émilie,
De te chanter je me fais un devoir.
Séjour divin, dont mon ame est ravie,
Où je connus le bonheur de la vie,
C'est ton boudoir.

Dans ton boudoir
Où j'admirai des charmes
Qui sur mon cœur avaient tant de pouvoir,
Tout à l'amour, bannissant les alarmes,
Qu'il m'était doux de te rendre les armes
Dans ton boudoir !

Dans ton boudoir,
A s'aimer tout dispose ;
Là, le bonheur n'est pas un vain espoir.
Tu me parais, mais sans métamorphose,
Plus fraîche encor que ne l'est une rose,
Dans ton boudoir.

Charmant boudoir,
Sois toujours solitaire
Jusqu'à l'instant où je dois te revoir ;
De mes secrets reste dépositaire !
Sois pour moi seul l'asile du mystère,
Charmant boudoir !

HATEZ-VOUS! ARRÊTEZ-VOUS!

❈

Pour voyager, dans ce bas monde,
Par un vieillard on est conduit;
Son char sur la machine ronde
Tour à tour nous roule sans bruit.
D'abord une vaste prairie
Offre ses charmes devant nous;
Loin d'en jouir, chacun s'écrie:
Cocher, de grâce, hâtez-vous!

A nos yeux déjà la nature
Étale ses rians tableaux;
Elle a déployé sa parure;
Où trouver des sites plus beaux?
Mais en vain notre ame est ravie,
D'aller plus loin on est jaloux;
Et chaque voyageur s'écrie :
Cocher, de grâce, hâtez-vous!

En avançant dans le voyage
On voit varier les saisons;
Bientôt un nouveau paysage
Présente ses fruits, ses moissons.
Alors, dominé par l'envie
De satisfaire tous ses goûts,
Changeant de langage, on s'écrie :
Cocher, de grâce, arrêtez-vous!

Enfin, sous la main qui le guide,
Fuyant les plus heureux climats,
Le char, dans sa course rapide,
Atteint le pays des frimas;

Mais le vieillard, que l'on supplie,
Nous regardant avec courroux,
Vole plus vite quand on crie :
Cocher, de grâce, arrêtez-vous !

Mise en musique par J. Arnaud, fils.

LE BONHEUR A TOUS LES AGES.

« Quinze ans n'est pas un si bel âge,
Se disait Lise, en soupirant;
Ah! vraiment, voyez l'avantage
D'étudier à chaque instant. »
Le monde enfin s'ouvre pour elle,
Tout y séduit son jeune cœur;
« J'avais tort, dit la jouvencelle,
Cet âge est celui du bonheur. »

Lise, je vois pâlir tes charmes,
Et tu comptes dix-huit printemps;
Tes beaux yeux sont mouillés de larmes;
Tu crois mourir de tes tourmens.

Non, Lise, une mère chérie
Connaît le secret de ton cœur ;
Avant vingt ans on te marie,
Cet âge est celui du bonheur.

A trente ans les feux d'hyménée
Brillent moins qu'aux premiers amours.
Lise, ta chaîne fortunée
Semble pesante certains jours ;
Mais de tes fils une caresse
Ramène le calme en ton cœur ;
Et tu dis, chassant la tristesse :
Cet âge est celui du bonheur.

L'automne a fui ; l'hiver commence,
Adieu les jeux et les plaisirs ;
Adieu rêves de l'espérance,
Lorsque s'éteignent les désirs.
Cependant Lise sent éclore
D'heureux souvenirs en son cœur ;
Et plus tard elle dit encore :
Cet âge est celui du bonheur.

LES NEZ.

Belles, à qui l'on rend les armes,
Et dont on vante les appas,
En peignant vos grâces, vos charmes,
De vos nez on ne parle pas.
C'est pour eux qu'en ce jour je chante;
A mes efforts vous souriez,
J'ose d'une voix moins tremblante
Retracer les beautés du nez.

De cette Catherine altière
Si l'on contemple le portrait,
Sa pose, à la fois, noble et fière,
S'y caractérise d'un trait.

Que l'on critique son sourire
Où domine un air masculin,
Il faudra bien que l'on admire
Son superbe nez aquilin.

Nez en l'air à la Roxelane,
Dénote l'esprit et l'ardeur;
C'est lui qui fit une sultane,
En séduisant le Grand-Seigneur.
Soliman, nous apprend l'histoire,
Vers une Française entraîné,
Mit à ses pieds toute sa gloire,
Subjugué par son joli nez.

D'un grand nez on sait le mérite;
De la nature vrai cadeau!
Femme experte toujours évite
Le petit nez du damoiseau.
La chronique d'amour rapporte
Que l'on voit certain amoureux,
Qui sur tous ses rivaux l'emporte:
Il a le nez bien plus long qu'eux.

UN JEUNE-FRANCE.

De tout soumettre à mon seul sentiment
Je me suis fait les douces habitudes,
Et je méprise un savant jugement
Fruit trop tardif des classiques études :
Le vieux savoir est sans aucun objet ;
L'homme, aujourd'hui, vient au monde complet...

   Mais arrêtons là ma pensée !
   Des cours l'heure est bien avancée.

Loin d'admirer mon air de gravité,
Gens d'autrefois dont la molle jeunesse
S'affadissait d'excès d'urbanité,
Vous vous plaignez de ma noble rudesse;
Il a fallu des siècles le concours
Pour enfanter les hommes de nos jours...

    Mais arrêtons là ma pensée!
    Des cours l'heure est bien avancée.

De ces muguets au jargon précieux
On eût suivi la trace parfumée;
Moi, *Jeune-France* à l'air audacieux,
Partout je lance une mâle fumée;
Armé d'un jonc, songeant à mes discours,
D'un sexe vain je froisse les atours...

    Mais arrêtons là ma pensée!
    Des cours l'heure est bien avancée.

Dans les salons, dit-on, froid spectateur,
Je manque aux lois de la galanterie;
A-t-il le temps d'être un adulateur
Celui qui veut éclairer sa patrie?

Le galop même est pour moi sans appas;
Au bal je mange... et je ne danse pas...

    Mais arrêtons là ma pensée!
    Des cours l'heure est bien avancée.

Un noir duvet, encadrant mon menton,
Enfin me donne un air du moyen-âge;
Dès ce moment, je dois prendre le ton
Qui seul convient à mon grave visage;
J'espère bien, éloquent orateur,
Atteindre au rang de grand législateur...

    Mais arrêtons là ma pensée!
    Des cours l'heure est encor passée.

LE PORTRAIT DÉTRUIT.

De ton amour, Irma, pour gage,
Tu me laisseras ton portrait,
Si je puis, traçant ton image,
En saisir l'ensemble parfait.
Dieu des beaux-arts, pour moi dévoile
En ce jour des secrets nouveaux !
Que par toi s'anime ma toile !
Viens guider mes faibles pinceaux !

CHANSONS. 393

Je cherche en vain à reproduire
Ces regards vifs et caressans,
Ce tendre et gracieux sourire
Qui portent le trouble en mes sens.
Dieu des beaux-arts, pour moi dévoile
En ce jour des secrets nouveaux !
Que par toi s'anime ma toile !
Viens guider mes faibles pinceaux !

Irma, ta figure charmante
A des contours si délicats
Que la touche la plus savante
Rendrait mal tes divins appas.
Dieu des beaux-arts, pour moi dévoile
En ce jour, des secrets nouveaux !
Que par toi s'anime ma toile !
Viens guider mes faibles pinceaux !

Mais, malgré mes vœux et mon zèle,
Ébloui de tant de trésors,
Ma main reste loin du modèle,
Lasse d'inutiles efforts.

O mon Irma, reprends ton voile !
Dérobe-moi tes traits si beaux !
Je déchire ma froide toile,
Je brise mes faibles pinceaux !

UN SOUVENIR.

O souvenir ! c'est ta présence
Qui fais renaître nos beaux jours ;
Viens embellir notre existence,
En jetant des fleurs sur son cours !
Soumis aux rigueurs de l'absence,
Hélas ! on n'a plus qu'à souffrir
Si l'on ne joint à l'espérance
    Un souvenir.

Près d'un bosquet, la tendre Elmire
S'arrête et semble réfléchir;
Sur sa bouche naît un sourire;
C'est le doux fruit d'un souvenir.
Lorsqu'au plaisir chacun s'apprête,
Damis rêveur pousse un soupir;
Qui le distrait dans cette fête?
    Un souvenir.

Dans le sommeil de l'innocence
L'enfant a retrouvé ses jeux;
Sa mère, en rêvant, le balance;
Un souvenir les rend heureux.
Le vieillard, après maint orage,
Près de ses fils croit rajeunir;
Qui lui rappelle son jeune âge?
    Un souvenir.

Loin de nous la mélancolie!
Que chaque jour nous puisse offrir
Un trait marquant, une folie
Qui se gravent dans l'avenir!

Le temps, qui jamais ne se lasse
Et détruit bonheur et plaisir,
Nous laisse parfois sur sa trace
Un souvenir.

Mise en musique par E. Bruguière.

NE QUITTONS PAS LE PORT.

Tout est imprévoyance
Dans l'âge des amours ;
Vainement la prudence
Nous offre son secours.
A l'élément perfide
Si l'on livre son sort,
Sans boussole qui guide
Comment rentrer au port ?

Pour un très court voyage
De jeunes imprudens
S'écartent du rivage,
Voguent au gré des vents ;
Mais bientôt la tempête,
Les chassant loin du bord,
Vient menacer leur tête ;
Rejoindront-ils le port ?

L'homme, dans sa jeunesse,
Subjugué par son cœur,
Souvent de sa vieillesse
Prépare le malheur.
Ah ! craignons l'influence
Qu'un funeste transport
Cause à notre existence !...
Ne quittons pas le port !

Mise en musique par Antoni Anson.

LE PARISIEN AUX CHAMPS.

Plein d'ardeur à la peine,
Le Parisien s'enchaîne,
Durant une semaine,
A de rudes travaux ;
Mais quand vient le dimanche,
Sa gaîté vive et franche
Lui prépare en revanche
Mille plaisirs nouveaux.

La matinée est belle,
Loin du sombre Paris,
Le soleil étincelle,
Et les prés sont fleuris.

Le riche encor sommeille,
Et l'artisan s'éveille
Oubliant de la veille
La fatigue et l'ennui ;
Il projette un voyage.
O fortuné présage !
Le ciel est sans nuage,
Et ce jour est à lui.

La matinée est belle,
Loin du sombre Paris,
Le soleil étincelle,
Et les prés sont fleuris.

Laissant dans son asile
Les soucis de la ville,
Des champs l'aspect tranquille
Lui fait croire au bonheur ;

Et, dans ce jour de fête,
Que sa joie est parfaite
Quand sur l'herbe il apprête
Un repas enchanteur !

La matinée est belle,
Loin du sombre Paris,
Le soleil étincelle,
Et les prés sont fleuris.

L'alouette joyeuse,
Comme lui matineuse,
Dans les airs, libre, heureuse,
Répond à ses chansons ;
Et le soir, au bocage,
L'orchestre du village
Pour lui, sous le feuillage,
Ranime ses doux sons.

La matinée est belle,
Loin du sombre Paris,
Le soleil étincelle,
Et les prés sont fleuris.

A la valse légère
Voyez-le se complaire...
Est-il roi sur la terre
Plus content de son sort ?
Las de chants et de danse,
Il regagne, en cadence,
Son gîte où l'espérance
Lui redit quand il dort :

La matinée est belle,
Loin du sombre Paris,
Le soleil étincelle,
Et les prés sont fleuris.

FEUX FOLLETS,

ou

LA GRAND'MAMAN SUR LA SELLETTE [1].

LA GRAND'MAMAN.

De me tenir sur la sellette
Vous paraissez tous triomphans ;
Que par chacun de vous, enfans,
Une question me soit faite !
   Au petit comme au grand,
  Sans pourtant rien confondre,
  Je suis prête à répondre
    Sur-le-champ.

[1] Mise en musique par E. Bruguière.

LE PETIT JULES.

« Oh! dites-moi, vite, grand'mère,
Le nom que l'on donne à ces feux
Qu'on voit là-bas danser entre eux
Loin du château, sur la fougère? »

LA GRAND'MAMAN.

« Comme des agnelets,
 Ces flammes qui frétillent
 Et qui peu d'instans brillent...
  Feux follets! »

LA JEUNE CÉLINE.

« De vous je ne désire apprendre
Qu'un mot répété chaque jour;
Ce mot, grand'mère, c'est amour;
En vain je cherche à le comprendre. »

LA GRAND'MAMAN.

« L'amour!... soupirs, billets
 Dont les fillettes grillent
 Et qui les entortillent...
  Feux follets! »

AUGUSTE.

« Je voudrais bien, je vous l'assure,
Devenir un littérateur;
Des feuilletonistes j'ai peur;
Dois-je redouter leur censure ? »

LA GRAND'MAMAN.

« Armés de leurs sifflets,
Ces pédans qui pointillent,
Et qui toujours mordillent...
 Feux follets ! »

UN DILETTANTE.

« Le second théâtre lyrique
A d'habiles compositeurs;
Un petit mot sur les chanteurs
Soutiens de l'Opéra-Comique ? »

LA GRAND'MAMAN.

« Cinti, Prévost, Chollet,
Avec art s'égosillent;
Les autres, qui nasillent...
 Feux follets ! »

UN FRONDEUR.

« Que sont donc ces petits grands hommes
Envieux de guider le char
Qui porte le léger milliard
De nos illustres économes ? »

LA GRAND'MAMAN.

« Joueurs de gobelets
Qui, tour à tour, nous pillent,
Nous flattent, nous houspillent...
   Feux follets. »

LAURE.

« Pardon, bonne mère, si j'ose
Vous faire observer, poliment,
Qu'à nos demandes constamment
Vous répondez la même chose. »

LA GRAND'MAMAN.

« Oui, mes petits poulets,
Ces êtres qui fourmillent,
Qui babillent, vacillent...
   Feux follets ! »

CHANSONS.

UN AUTEUR.

« Parfois j'entends, en ma présence,
Vanter maintes œuvres d'esprit ;
De tous ces vers que l'on écrit,
Dites, que faut-il que je pense ? »

LA GRAND'MAMAN.

« Petits riens, verselets
Qui deux à deux sautillent
Et faiblement scintillent...
Feux follets ! »

FIN DU SECOND ET DERNIER VOLUME.

TABLE

DU TOME SECOND.

BALLADES.

Justine. Ballade historique....................	3
Le Chalet abandonné.......................	8
Yseule et le Ménestrel.....................	12
Esméralda	17

ROMANCES BIBLIQUES.

Benjamin.................................	23
Rebecca..................................	25
Le Départ du jeune Tobie....................	27

ROMANCES HISTORIQUES.

Jane Shore..	31
La Servante Marie..................................	34
Henriette Marie de France.....................	37
Cinq-Mars...	39
Jeanne de Flandre au tombeau de son époux.....	41
La Jeune Fille de Toscanelle et Charles VIII...	44
Jane Gray...	47

ROMANCES.

Si vous étiez ma sœur...........................	51
Le verras-tu jamais?..............................	53
Mon Retour en France............................	56
L'Ermite de Selmours.............................	58
Adieu, bonheur.....................................	60
L'Exilé Polonais....................................	62
Je t'aime encore....................................	64
Souvenirs de l'Espagne...........................	66
L'Attente...	69
La Rose blanche de l'Ermite....................	72
Elle aime pour toujours..........................	75
Faux Soupçon.......................................	77
Le Rhône...	79
Le Pauvre Page.....................................	81
L'Adieu de l'Étranger.............................	84
La Jeune Orpheline................................	86
Aménaïde...	88

DU TOME SECOND. 411

Vague Inquiétude	90
Le Chant du Ménestrel	92
Le Départ de la Goélette	95
Pour vous mourra Esméralda	98
Plaignez le Troubadour	101
Je vais le voir	103
Le Mystère et l'Amour	105
Le Charme de la Mélodie	108
La Sérénade	110
La Petite Glaneuse	112
Regrets et Voeux	115
Rien ne pourra nous désunir	117
Les Adieux de Pension	119
Le Tonnerre	121
La Sirène	123
Le Visir et son Esclave	126
Vous m'aimez donc un peu?	129
Ma Chaumière et ce que j'aime	132
La Convalescence	134
Une Aventure de bal	136
Le Malade d'amour	139
Ah! pourquoi refuser d'aimer	142
Priez Dieu!	145
Le Trompette	148
Les Consolations d'une mère	150
La Veille des armes	152

TABLE

Le Départ pour la ville.	155
Je ne suis pas jalouse.	157
Tout se tait, plus de bruit.	160
La Juive.	163
Amour de la nature.	166
La Prière de l'Orpheline.	168
L'Abandon.	171
Auprès de vous.	174
La Fiancée.	176
Le Retour au pays.	179
Roseline.	182
Echo des bois.	185
Avant le duel.	187
Après le duel.	189
La Fille du pêcheur.	192
Catarina.	195
Celle que cherche mon coeur.	197
Souvenirs de la Styrie.	200
L'Orphelin.	203
Tisbé.	206
Le Gage.	209
Que n'a-t-il voulu m'entendre!	211
Malheur a qui pourra t'aimer.	213
La Communiante.	216
Un coeur pur ne doit aimer qu'une fois.	219
La Citadine et la Fille du Tyrol.	222

DU TOME SECOND. 413

CHANSONNETTES.

La Croix d'or	227
La Quarantaine	230
Fiez-vous au lendemain	233
L'Amant sur les toits	235
Mieux vaut tenir que d'espérer	237
La Diseuse de bonne aventure	239
Le Carnet de bal	242
La Paix du coeur	246
La petite Curieuse	249
Un Souvenir du village	252
La Toilette ne gate rien	254
Ah! si ma mère le savait	256
Le Guerrier et la Novice	258
Les Sermons et la Danse	261
Un Coup d'oeil au miroir	264
Au village on dit vrai	266
La Rieuse et la Grand'Maman	268
Séparons-nous, voici la nuit!	271
Petit a petit l'oiseau fait son nid	273
La Mauvaise langue du village	276
La Corbeille de mariage	279
Les Sermens et les Vents	281
Trop tard	283
La Sonate	286

Femme peut-elle aimer toujours?.............	289
Le Son joyeux de la Trompette..............	292
L'Art de plaire et l'Art d'aimer............	295
La Veillée...............................	297
Le Passeux de Saint-Cyr...................	300
Espère! on t'aimera.......................	303
Il faut attendre tout du temps.............	306
Savoir, Vouloir, Pouvoir..................	308
Il n'y a plus d'enfans.....................	310
Le Garde-Chasse..........................	313
Les Sentinelles endormies.................	315

CHANSONS.

Pourquoi j'aime l'argent...................	319
Les Choses qui passent....................	322
Les Eaux d'Enghien........................	324
Souvenirs de la victoire...................	327
Les Fruits de l'éducation..................	329
Ne quittons pas Paris......................	333
Six Odalisques de Mahmoud, à l'Empereur Nicolas..	335
La Loi d'amour............................	339
Le Zéibeck................................	342
Le Chasseur en défaut.....................	344
La Différence.............................	346
Chanson bretonne.........................	349
Les Promesses normandes...................	352

DU TOME SECOND. 415

Chant des Osages	356
Patience et Travail	358
Le Départ du pays	361
Chant d'un Marin	364
Il n'est plus temps	367
Voyage en Favorite	370
La Fille obéissante	374
Voici le Printemps	378
Dans ton Boudoir	380
Hatez-vous! Arrêtez-vous!	382
Le Bonheur a tous les ages	385
Les Nez	387
Un Jeune-France	389
Le Portrait détruit	392
Un Souvenir	395
Ne quittons pas le port	398
Le Parisien aux champs	400
Feux Follets	404

FIN DE LA TABLE DU TOME SECOND.

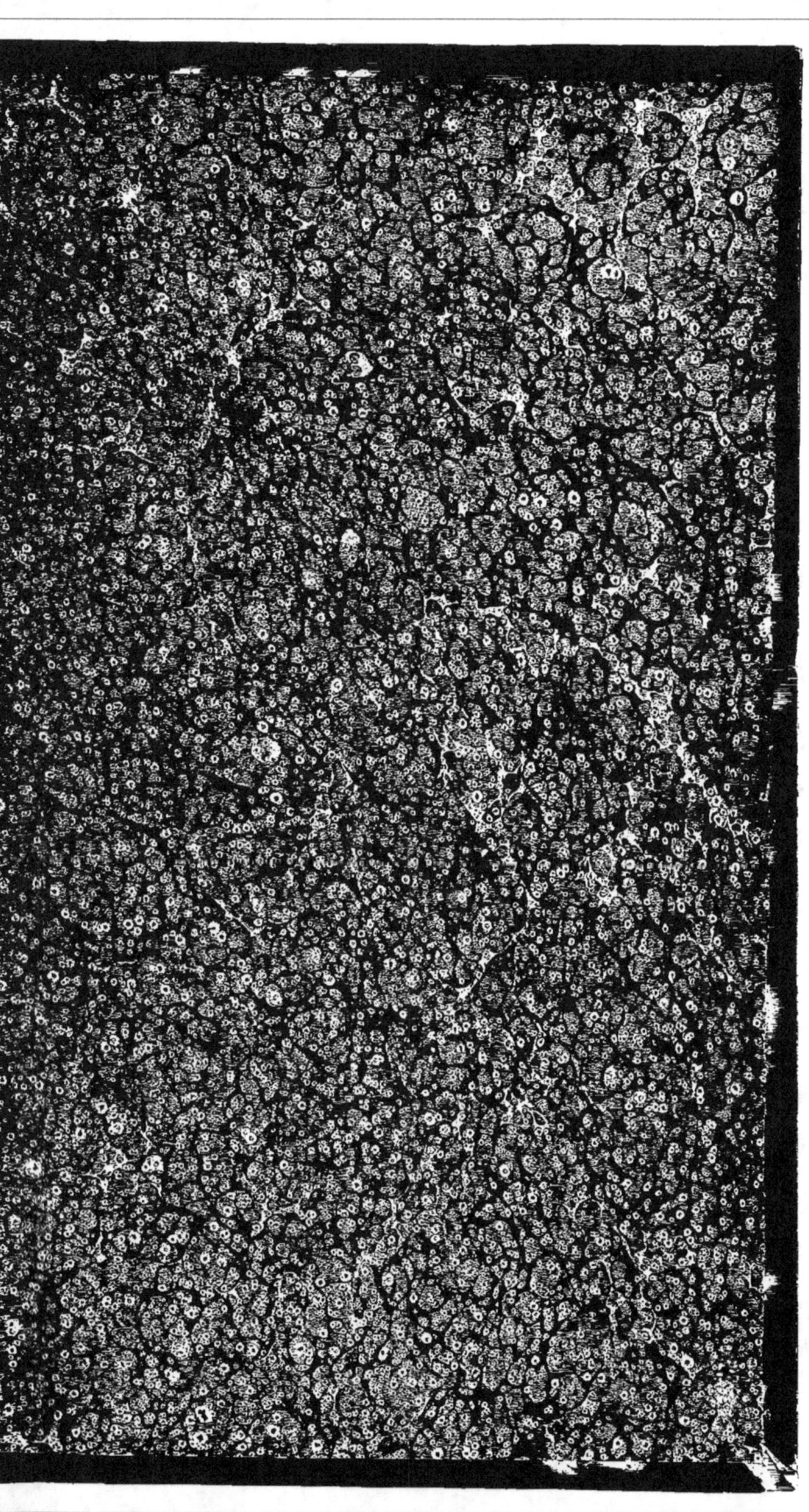

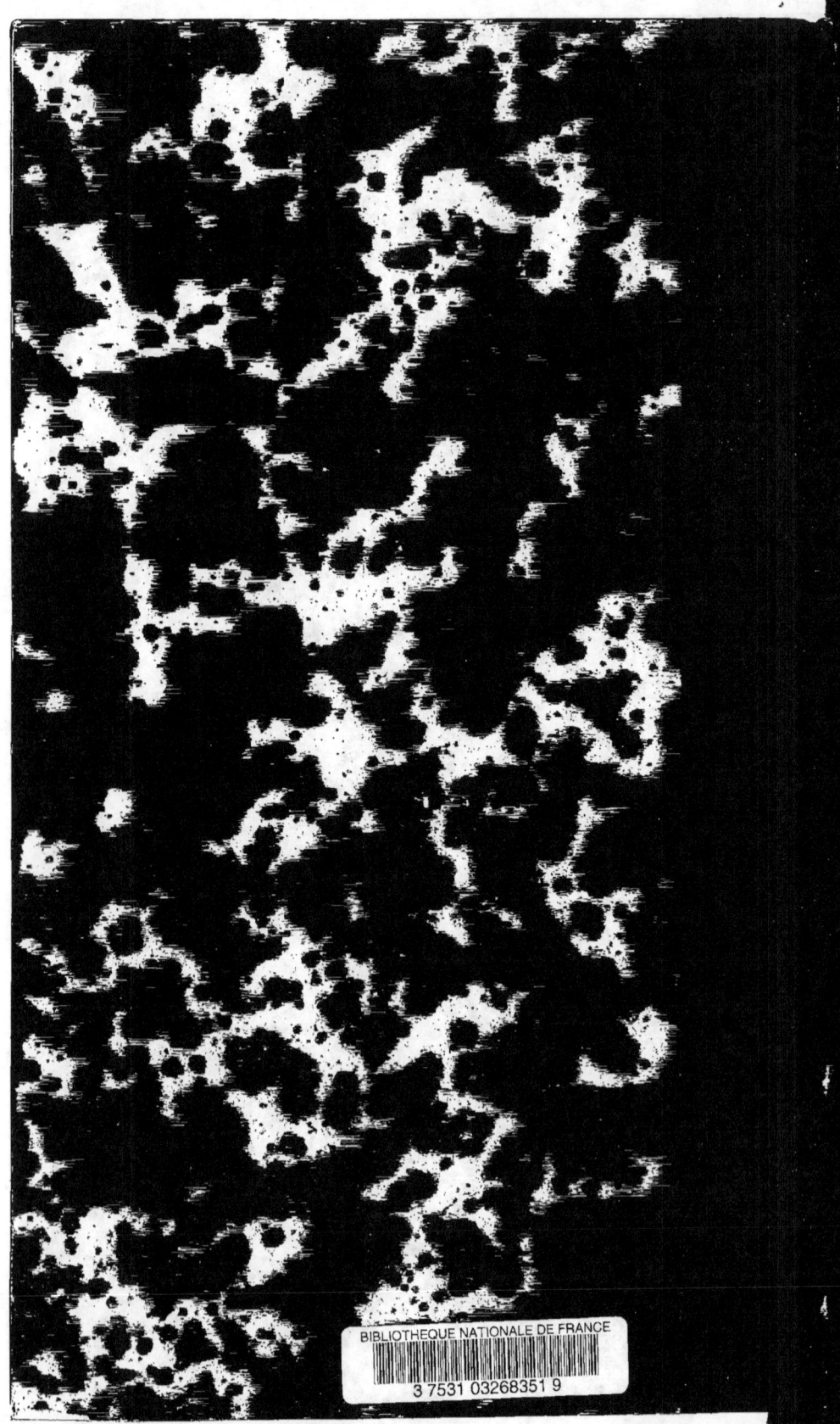

www.ingramcontent.com/pod-product-compliance
Lightning Source LLC
Chambersburg PA
CBHW071111230426
43666CB00009B/1916